아는 만큼 누리는 예배

일러두기

본문에 인용한 성경 구절은 대한성서공회에서 펴낸 개역개정판을 따랐습니다.

다른 번역본을 인용한 경우 따로 표기하였습니다.

개정증보판

아는 만큼 누리는 예배

1

송인규

비아토르
viator

차 례

하나님은 영이시니

예배하는 자가

영과 진리로 예배할지니라

God is spirit,

and his worshipers must worship

in spirit and in truth.

요한복음 4:24

머 리 말

개 정 증 보 판 을 편 내 며

▿ 《아는 만큼 누리는 예배》의 내력

이 책의 기본 골격이 짜인 것은 2000년으로서, 벌써 20년 넘는 세월이 흘렀다. 그때 나는 새시대교회에서 봉사하고 있었고, "예배란 무엇인가?"라는 주제로 10주(2000년 9-11월)에 걸쳐 설교를 하게 되었다. 주제별 설교 시리즈가 끝나면서, 교우들 가운데서 설교 내용을 책으로 만들면 어떻겠느냐는 의견이 오갔다.

마침 당시 홍성사에서 근무하던 옥명호 선생(지금은 '잉클

링즈' 대표)이 이 제안을 쾌히 승낙했고, 홍성사에서 책이 나오기까지 자극과 격려를 아끼지 않았다. 책의 전체 편집은 이현주 선생(지금은 '사자와어린양' 대표)의 수고로 이루어졌다. 책 제목 '아는 만큼 누리는 예배' 또한 이 선생의 아이디어로 시작되었다.

2003년 4월에 출간된 《아는 만큼 누리는 예배》는 독자들의 적극적인 호응에 힘입어 2020년까지 15쇄를 찍을 수 있었다. 그러나 세월이 흐르면서 책의 내용(및 형식)에 대한 아쉬움과 건의 사항들이 속속 접수되었다. 그것들은 다음 네 가지 항목으로 정리가 가능하다.

- 인용 혹은 해설하는 성경 본문이 과거에 사용하던 개역한글판을 근거로 하고 있다.
- 주註를 달지 않았기 때문에 글의 주장점이나 사상적 배경의 출처를 알 수가 없다.
- 책의 내용이나 논점 가운데 조금 더 자세한 설명을 필요로 하는 곳이 있다.
- 코로나 시대의 예배에 대한 논의나 안내가 빠져 있다.

따라서 책의 메시지를 새로운 세대의 교회 일꾼들과 지도자들에게 전하려면, 부득이 내용에 대한 개정과 보완 작업이 필요하다는 결론에 이르렀다.

▿ 《아는 만큼 누리는 예배》 집필 이유

《아는 만큼 누리는 예배》가 예배학 입문서나 예배의 갱신을 겨냥한 지침서는 아니지만, 그럼에도 불구하고 예배에 대한 안내서 노릇은 할 수 있으리라고 생각한다. 어떤 이들은 오늘날 예배 관련한 서적들이 쏟아져 나오는 판에 왜 또 하나의 안내서가 필요하냐고 다소 회의적인 표정을 지을지도 모르겠다. 나는 세 가지 이유 때문에 이런 식의 예배 안내서가 아직껏 필요하다고 생각한다.

첫째, 공예배에 등장하는 각종 예배 순서의 유래와 의의에 대한 해설의 내용을 찾아보기가 힘들다. 그리스도인들 대부분은 주일 예배에 참석하면서 그 예배를 구성하고 있는 각종 순서들에 무감각적으로 익숙해져 있다. 그것이 찬양이든 헌금이든 대표 기도이든 설교이든 으레 그러려니 한다는 말이다.

그러다가 혹시 "성시 교독은 뭐지요?" "사도신경은 왜 사도신경이라 불립니까?" "대표 기도 때에는 무엇을 위해 기도해야 하나요?" "축도를 안 받고 나가면 뭐가 문젭니까?" 등등의 질문을 받으면 어떨까? 아마도 대부분의 교우들은 아무런 답변을 하지 못한 채 어리벙벙한 표정만 짓고 있을 것이다. 그런데 이런 곤경은 일반 교우들만 겪는 것이 아니고 교회의 사역자들과 지도자들의 경우에도 마찬가지이다.

그러므로 우리는 주일 예배에서 시행되고 있는 각종 순서들을 그 유래와 의의 면에서 어느 정도 파악하고 있어야 한다.

이 책은 이런 목적하에 쓰였다.

둘째, 우리의 공예배가 올바른 예배 정신 가운데 드려지지 않는 수가 많기 때문에 깨우침과 가르침이 요구된다. 예배와 관련한 사람들의 관심사는 주로 예배 참석 문제에 쏠려 있다. 그래서 주일 예배에 빠지지 않고 자신의 자리를 지키면, 모든 것이 다 끝난 것처럼 생각한다. 물론 예배 참석도 중요하다. 그러나 이렇게 예배 참석에만 신경을 쓰다 보니 정작 "왜 예배해야 하는가?" "어떻게 예배해야 하는가?"의 문제는 뒤로 한참 밀려 있다.

안타까운 일은 예배에 꼬박꼬박 참석하면서도 그 예배가 올바른 예배 정신—하나님을 영과 진리로 예배함요 4:24—과 상관없이 드려진다는 점이다. 즉, 어떤 예배자가 예배의 외적 형식은 지키지만 그의 마음은 영과 진리의 예배로부터 동떨어져 있다는 말이다. 이런 진단이 어떤 이에게는 너무 가혹하게 느껴질지도 모르겠다. 그러나 다음의 질문을 생각해 보라.

- 하나님을 영과 진리로 예배한다는 것이 무엇인가?
- 주일 예배를 드릴 때마다 하나님을 영과 진리로 예배하고자 힘쓰고 있는가?
- 주일 예배의 각 순서(말씀, 기도, 헌금, 신앙 고백 등)가 참된 예배 정신 가운데 진행되도록 하기 위해 어떤 노력을 기울이고 있는가?

만일 이런 질문들에 대해 명시적이고 확실한 내용으로 답을 할 수 없다면, 우리의 예배는 예배 정신을 망각한 채 외형에만 치우친 전형적인 예라고 진단할 수밖에 없을 것이다.

그러므로 우리의 예배는 하나님이 기뻐하시고 찾으시는 영과 진리의 예배가 되어야 한다. 다시 말해서 우리의 모든 예배 순서는 영과 진리의 예배를 구현하는 데 수단과 방편으로 활용되어야 한다. 《아는 만큼 누리는 예배》는 이런 내용을 구체적이고 실제적으로 제시하기 위해 쓰였다.

셋째, 예배 회복을 위한 지도자들의 노력이 다소 엉뚱한 방향으로 치닫고 있는데, 이에 대한 시정과 더불어 마땅한 지침이 필요하다. 한국 교회는 예배의 중요성을 강조하는 동시에 예배의 회복과 갱신을 위해 힘을 쏟아 왔다. 그런데 그러한 노력이 빗나간 방향으로 쏠리곤 한다는 것이 문제이다. 예배의 회복을 앞에서 제시한 두 가지 항목의 내용과 연관시키지 않고 그저 사람들을 예배에 더 많이 동원하려는 전략에만 치우친 것이다. 그리하여 예배 의식의 진행과 관련하여 외형적 화려함, 사람들의 흥미 유발, 감상주의적 자극, 여흥식 분위기 조성 등에 급급하곤 하였다. 이런 식의 전략적 방책은 예배 회복을 도모하지 못할 뿐 아니라 오히려 그것을 가로막는 장애 요인이 될 것이다.

그렇다면 어떻게 해야 할 것인가? 결국은 '예배의 본질이 무엇인가? 영과 진리로 예배한다는 것이 무엇인가? 주일 예배에 등장하는 예배 순서들을 어떻게 예배 정신과 연관시켜야 할 것인가?' 등의 질문에 착념하는 수밖에 없다. 이 책은 성경이 말하는 영과 진리의 예배가 어떠한 것인지 최소한의 내용을 보여 줄 수 있다는 점에서, 예배의 회복을 돕는 자료가 될 수 있다.

▽ 《아는 만큼 누리는 예배》의 내용

예배에서 가장 근본적으로 강조되어야 할 바는 이미 설명한 것처럼, 뭐니 뭐니 해도 예배 정신의 함양이다. 1장 "영과 진리의 예배"는 그 점을 자세히 다루고 있다. 이것은 예수께서 수가성 여인과 나눈 대화의 내용에 기반을 두고 있다. 그 다음의 모든 내용은 실상 1장의 교훈을 적용하려는 시도에 불과하다.

2장부터 8장까지(말씀, 기도, 찬송, 신앙 고백, 헌금, 성례, 축도)는 우리가 시행하는 예배 순서에 관한 것이다. 오늘날 우리가 채택하고 있는 이런 예배 순서는 어떻게 해서 생겼는지, 또 이런 예배 순서와 예배 정신은 어떻게 연관되는지 밝히고자 했다.

9장 "예배로의 초대"는 지금까지 살펴본 내용에 기초하여 실제로 사람들을 예배에 초대한다는 취지로 꾸민 것이다. 시편 95편은 이런 목적을 이루는 데 매우 적합한 본문이다.

10장 "생활 예배"는 엄밀한 의미에서 주일에 드리는 예배와는 갈래가 다르다. 이것은 우리가 예배 이후 일상생활을 어떻게 예배자로서 살아 내느냐에 대한 것이다. 우리 삶을 들여다볼 때 지속적으로 목격하는 바는 예배와 생활의 괴리이다. 그러나 의식儀式으로서의 예배와 삶으로서의 예배는 함께 가야 한다. 10장은 이에 대한 설명을 담고 있다.

마지막 11장은 이번에 새로이 작성한 내용으로서, "코로나 시대의 예배"에 대한 설명과 안내를 염두에 두고 썼다. 온라인 예배는 전통적 대면 예배에 비해 어떤 문제점이 있는지, 또 그 문제점이 과연 예배의 본질을 건드리는 것인지에 대한 검토가 핵심적 논의 사항으로 되어 있다.

▽ 《아는 만큼 누리는 예배》는 동역의 산물

모든 책은 저자 한 사람의 노력으로 빛을 보는 것이 아니다. 과거에도 의식하고 있었지만 세월이 흐를수록 더욱 뼈저리게 느끼는 사실이다. 이번에 개정·보완되는《아는 만큼 누리는 예배》도 예외일 수 없다.

적어도 세 인물이 함께 팀으로 참여했다. 우선,《아는 만큼 누리는 예배》의 초판 발간에 책임 편집을 맡았던 이현주 선생이 이번에도 견인차 노릇을 했다. 이 책의 핵심 메시지가 여전히 중요하고 적실하다는 이 선생의 신념 때문에 개정 작업이 탄력을 얻었다. 또, 이런 노력이 실제로 결실을 맺도록 버팀목이 되어 준 인물이 비아토르의 김도완 대표이다. 그의 결의와 뚝심이 없었다면, 이 책의 출간 프로젝트는 어쩌면 출발조차

하지 못했을 수도 있다. 마지막으로, 아내(김영아) 또한 팀의 명단에서 빠질 수 없다. 내가 손으로 쓴 모든 내용은 아내의 자판 두드리기 수고를 통해서 공적인 세계로 진출한 것이기 때문이다. 팀을 대표해서—실상 나를 대표로 뽑아 준 적은 없지만—감사를 표한다.

2021년 10월 10일

수원 책집에서 송인규

1

영과 진리의 예배

섬김과 부복

요한복음 4:19-24

[19]여자가 이르되 "주여, 내가 보니 선지자로소이다. [20]우리 조상들은 이 산에서 예배하였는데 당신들의 말은 예배할 곳이 예루살렘에 있다 하더이다." [21]예수께서 이르시되 "여자여, 내 말을 믿으라. 이 산에서도 말고 예루살렘에서도 말고 너희가 아버지께 예배할 때가 이르리라. [22]너희는 알지 못하는 것을 예배하고 우리는 아는 것을 예배하노니 이는 구원이 유대인에게서 남이라. [23]아버지께 참되게 예배하는 자들은 영과 진리로 예배할 때가 오나니 곧 이때라. 아버지께서는 자기에게 이렇게 예배하는 자들을 찾으시느니라. [24]하나님은 영이시니 예배하는 자가 영과 진리로 예배할지니라."

우리가 '예배'에 대해서 살펴보는 목적은 현재 행하고 있는 공예배가 어떻게 하여 지금의 모습을 갖게 되었는지 생각해 보고, 이를 올바른 예배관(예배 정신 및 예배자의 태도)과 결부시키기 위함이다. 이 모든 것의 실마리는 예수께서 사마리아의 수가 성 여인과 나눈 대화 내용에 담겨 있다.

이스라엘 vs 사마리아

예수께서는 사마리아의 수가 성을 지나가시다가 우물곁에서 한 여인을 만나셨다. 물과 남편, 선지자 등의 주제가 오가다가 급기야 예배 장소 문제가 거론되었다. 요한복음 4장 19-24절 말씀은 이 여인과 나누신 대화 내용의 일부이다. 이 대화 내용이 배경으로 하고 있는 종교적 이견異見을 이해하기 위해서는, 먼저 사마리아와 이스라엘이 가지고 있던 갈등 관계, 그리고 신앙의 차이에 대해 살펴보아야 한다. 그래야 이 말씀이 예배의 본질에 대해 가르치고자 하는 바를 명확히 붙잡을 수 있을 것이다.

▽ 갈등과 반목의 뿌리

사마리아와 이스라엘의 갈등이 깊어지게 된 결정적인 계

기에 대해서는 역사적 기록이 명확하게 남아 있지 않다. 그러나 이에 대한 실마리와 대체적 윤곽은 이방 민족이 이스라엘 민족에 대해 벌인 정벌의 역사를 살펴봄으로써 얻을 수 있다. 이스라엘은 솔로몬 왕 이후에 북방의 이스라엘과 남방의 유다로 갈라지는데, 북방 이스라엘은 앗시리아(앗수르)에 의해 먼저 정복당하게 된다(주전 722년). 앗시리아는 여러 피지배 민족들에 대해 '섞음' 정책을 실시함으로써, 즉 이민족들을 섞어 함께 거주하게 함으로써 그 민족들 사이에서 발생할 수도 있는 민족적 단결이나 봉기를 예방하고자 했다. 그 결과, 종교적 혼합주의가 북쪽 이스라엘 사람들 사이에서 팽배하게 되었다. 결국 옛 이스라엘의 수도였던 사마리아에 사는 사람들은 하나님을 섬기면서 이방신들도 섬기는 지경에 이르렀다.

그 후 유다는 바벨론에 의해 정벌되었지만(주전 586년), 피지배 민족에 대한 바벨론의 정책은 앗시리아에 비해 덜 가혹했기 때문에 유다는 어느 정도 종교적 순수성을 유지한 채 바벨론의 포로 상태에서 귀환할 수 있었다(주전 538년). 이후 유다는 북방 이스라엘의 종교적 혼합주의를 비판하는 자리에 섰고, 그에 따른 유다의 배타적 입장으로 인해 북방 이스라엘은 소외감과 상처를 겪어야 했다. 세월이 흐르면서 북방 이스라엘은 사마리아로, 남방 유다는 이스라엘로 불리게 되었다.

상기한 정치적·종교적 이유 때문에 이스라엘과 사마리아 사이의 마찰은 점점 극심해졌고, 이는 역사상 여러 방면으로 드러나곤 했다. 이에 대한 실태 파악을 위해서 포로 귀환 이후의 정황을 살펴보도록 하자.

스 4:1-6 [1]사로잡혔던 자들의 자손이 이스라엘의 하나님 여호와의 성전을 건축한다 함을 유다와 베냐민의 대적이 듣고 [2]스룹바벨과 족장들에게 나아와 이르되 "우리도 너희와 함께 건축하게 하라. 우리도 너희같이 너희 하나님을 찾노라. 앗수르 왕 에살핫돈이 우리를 이리로 오게 한 날부터 우리가 하나님께 제사를 드리노라" 하니 [3]스룹바벨과 예수아와 기타 이스라엘 족장들이 이르되 "우리 하나님의 성전을 건축하는 데 너희는 우리와 상관이 없느니라. 바사 왕 고레스가 우리에게 명령하신 대로 우리가 이스라엘의 하나님 여호와를 위하여 홀로 건축하리라" 하였더니 [4]이로부터 그 땅 백성이 유다 백성의 손을 약하게 하여 그 건축을 방해하되 [5]바사 왕 고레스의 시대부터 바사 왕 다리오가 즉위할 때까지 관리들에게 뇌물을 주어 그 계획을 막았으며 [6]또 아하수에로가 즉위할 때에 그들이 글을 올려 유다와 예루살렘 거민을 고발하니라.

느 2:19-20 [19]호론 사람 산발랏과 종이었던 암몬 사람 도비야와 아라비아 사람 게셈이 이 말을 듣고 우리를 업신여기고 우리를 비웃어 이르되 "너희가 하는 일이 무엇이냐? 너희가 왕을 배반하고자 하느냐?" 하기로 [20]내가 그들에게 대답하여 이르되 "하늘의 하나님이 우리로 형통하게 하시리니 그의 종들인 우리가 일어나 건축하려니와 오직 너희에게는 예루살렘에서 아무 기업도 없고 권리도 없고 기억되는 바도 없다" 하였느니라.

첫 내용은 주전 536년경 성전 건축과 관련하여 받은 반대 1-5절 및 주전 486년 유다 백성이 겪은 까닭 없는 모함6절에 대한 것이요, 둘째 내용은 주전 445년 예루살렘 성벽을 보수할 때 일어난 사건이다.

▽ 예루살렘이냐, 그리심산이냐?

예수님 당시 유대인(이스라엘인)과 사마리아인은 신앙의 핵심에서 두 가지로 큰 차이를 보였다. 우선, 그들이 사용하던 경전이 서로 다르다는 점을 근본적인 차이로 꼽을 수 있다. 사마리아인들이 모세 오경만을 경전으로 인정했던 반면, 유대인들은 우리처럼 나머지 34권의 책도 정경의 범주에 속하는 것으로 인정했다.

사마리아와 이스라엘의 신앙 핵심의 또 다른 큰 차이는 성전관에 있었다. 사마리아 사람들과 이스라엘 사람들은 특히 성전의 장소에 대해 이견이 있었다. 이스라엘 백성이 가나안으로 들어갈 때, 하나님께서는 모세에게 예배를 드릴 장소를 한 군데 선택하리라고 말씀하신다참고. 신 12:5. 하지만 이때, 그 구체적 장소에 대해서는 명확한 계시를 주지 않으셨다. 이후 이스라엘은 그들의 예배 처소를 예루살렘으로 정하는데, 이는 다윗이 하나님 앞에서 백성을 계수計數하는 죄를 범한 뒤 회개의 과정에서 알게 된 곳이다 **대상 21:15, 22:1; 대하 3:1**.

그러나 사마리아 사람들은 모세 오경만을 경전으로 인정했기 때문에 이러한 후속적 계시를 받아들이지 않았고, 따라서 예루살렘이 성전을 위한 장소라는 주장에 동의하지 않았다. 그들은 모세 오경에 나타나는 간접적인 근거 **신 11:29, 27:12**를 바탕으로 하여, 사마리아 근처의 그리심산이 하나님의 성전을 위한 처소라고 주장했다. 그리하여 사마리아인들은 산발랏의 지도력하에 주전 330년경 그리심산에 성전을 지었는데,[1] 약 270년 후(주전 128년) 유대의 지도자이던 요한 히르카누스가 그 성전을 파괴하고 말았다.[2] 그러나 사마리아인들은 예수님 당시까지도 그리심산에서 예배를 드리고 있었다.

예수님의 가르침과 그 의미

예수님과 수가 성 여인은 이스라엘과 사마리아 사이에 존재하던 이러한 역사적·종교적 갈등을 배경으로 해 대화를 나누었던 것이다 **요 4:19-24**. 이 대화의 양상을 잘 들여다보면, 예수님은 여인의 개인적인 문제, 즉 그녀의 아픈 부분을 이야기하려는 쪽으로 대화를 끌어가려고 하는 반면, 여인은 화제를 자꾸 다른 쪽으로 돌리려 하고 있음을 알 수 있다. 이 과정에서 예수님은 여인의 남편에 대하여 말씀하심으로써요 4:16, 18, 그녀가 당면한 문제의 정곡을 찌른다.

그러자 여인은 예수님을 '선지자'라고 지칭하는데, 이는 선지자가 남의 속사정을 알 수 있는 신령한 능력을 지닌 사람이라는 당시의 일반적 인식참고. 막 14:65; 눅 7:39에 근거한 듯하다. 그러면서도 여인은 이야기를 다시 다른 방향으로 돌리려고 성전의 장소에 대해 의문을 제기한다. 그러나 여인이 이야기를 돌리기 위해 제기한 이 의문은 궁극적으로 그녀가 예수님을 믿게 되는 계기가 되고, 무엇보다도 예배의 본질에 대한 이야기를 이끌어 내는 놀라운 전환점으로 작용한다.

▽ 예배에 대한 새로운 시각

요한복음 4장 19-20절에서 '산'이라 칭해진 곳은, 앞에서 말한 그리심산이다. 여인은 사마리아와 이스라엘에 대해 의견이 달랐기 때문에, 예수께 예배의 처소에 대해서 문제를 제기한다. 이에 예수님은 질문에 답하며 세 가지 사항을 말씀하신다.

우선, 예수님은 사마리아 사람들이 지닌 신앙의 근본적인 오류—"너희는 알지 못하는 것을 예배하고"22절—를 지적하심으로써, '그리심산'이 올바른 예배 처소가 될 수 없다고 공표하신다. 그러고서 구원은 유대인에게서 난다는 사실에 초점을 맞추신다. 이것은 메시아, 즉 예수님 자신이 유대인이기 때문이기도 하고 사 11:10; 행 13:22-23; 롬 1:3, 9:5, 또 하나님에 관한 진리의 가르침이 유대인의 모든 경전을 통하여서 나타나기 때문이기도 하다 참고. 사 2:3; 롬 3:1-2. 여기서 우리는 유대인들이 구약 시대까지는 올바른 예배를 드려 왔음을 알 수 있다.

둘째, 예수님은 예배와 관련하여 그때까지와는 전혀 다른 새로운 시대의 도래를 말씀하신다 21절. 예수님은 예배의 장소(및 이에 따른 외적 양상)가 어디인지보다는 예배자의 심령이 어떠한지가 중요해지는 시대가 온다고 하시면서, 이 점에 대해서는 유대인조차 혁신적으로 깨우쳐야 할 것임을 은연중에 드러내신다.

마지막으로, 예수님은 예배의 본질에 대해 언급하심으로써 여인에게 '참 예배'가 무엇인지 가르쳐 주신다. 여기서 예수님은 '영과 진리의 예배'에 대해서 말씀하시는데, 이는 예배의 장소와 외적 양상보다는 예배하는 이의 내면과 정신이 중요함을 암시하신다. 예배와 관련한 이 말씀이 지금의 우리에게는 당연하게 들릴 수도 있겠지만, 당시 유대인들에게는 기존 관념을 뒤엎는 혁명적인 생각이었다. 만약 예수께서 이 말씀을 유대인들 앞에서 하셨다면, 분명 유대인들은 그런 언급이 유대인의 율법과 종교적 전통을 거스른다며 그 자리에서 들고일어났을 것이다.

▽ 예배 정신: 마음 중심으로 드리는 예배

예수께서는 '영과 진리의 예배'가 중요한 이유를 두 가지로 제시하신다23-24절. 첫째는 하나님은 영이시기 때문이다. 하나님은 영이시므로 영으로 예배를 드려야 한다는 논리이다. 둘째, 예수님은 하나님이 그것을 열망하시기 때문에 영과 진리의 예배가 중요하다고 말씀하신다. 23절 말씀을 보면, "아버지[하나님]께서는 자기[그분]에게 이렇게 예배하는 자들을 '찾으신다'"라고 표현되어 있다.

예수께서 하신 답변의 핵심은 '영과 진리'에 있다. 예수님의 말씀에 따르면, 진정한 예배는 영과 진리로써만 가능하다는 것이다. 그렇다면 이 '영'과 '진리'의 의미는 무엇일까? 우선 '영'부터 생각해 보자. 성경학자들 가운데에는 영을 'Spirit' 즉 '성령'으로 해석하는 사람도 있고,[3] 'spirit' 즉 인간의 영이나 정신으로 해석하는 사람도 있다.[4] 그러나 어느 쪽으로 해석하든, 영으로 예배해야 한다는 말은, 예배는 궁극적으로 장소와 외형의 문제가 아니고 우리의 마음 중심으로 드려야 한다는 의미가 담겨 있다.

'진리'라는 말은 정확한 지식 체계를 가리키는데, 이는 특히 사마리아인들이 "알지 못하는 것"22절을 예배해 왔음[5]을 감안할 때 매우 중요하다. 즉, 예배자는 예배 대상인 하나님에 대해 올바른 지식을 지니고 있어야 한다는 뜻이다. 다시 말해서, '진리로 예배한다는 것'은 예배 대상이신 하나님이 어떤 분이

신지 정확히 아는 가운데 예배한다는 것이다.

상기 내용을 정리하자면, '영과 진리로 예배를 드린다' 함은 하나님이 누구인지에 대한 진정한 앎을 바탕으로 하여 우리의 중심과 내면, 우리의 심령으로 예배함을 의미한다.

▽ 예배자의 태도: 섬김과 부복

하나님을 영과 진리로 예배할 때(예배 정신), 예배자는 하나님에 대해 어떤 태도를 취해야 하고 또 취하게 될까? 이 점을 규명하는 한 가지 방안은 '예배'의 의미를 다각도로 검토하는 것이다.

먼저 용어를 살펴보자. 어떤 한글 사전은 '예배禮拜'를 "① 경의敬意를 나타내어 절함. ② [종] 신神이나 부처 앞에 경배敬拜하는 의식"[6]이라고 풀이해 놓았다. 따라서 예배가 신적 존재에 대한 것이든 아니든 간에 경의 표시와 절하는 동작이 포함됨을 표명하고 있다. 영어의 경우 'worship'은 '가치 있음'이라는 뜻의 고대 영어 'weorthscipe'로부터 유래했는데, weorthscipe는 weorth[worth(가치)]와 scipe[-ship("~임" 식의 추상명사로 만드는 접미사)]가 결합된 단어이다. 이 단어가 중세 영어인 'worshipe'(역시 '가치 있음'이라는 뜻)를 거쳐 오늘날의 형태 'worship'으로 자리 잡았다.[7] 따라서 'worship'은 어떤 대상에게 마땅히 돌려지는 가치나 그런 행위를 의미하고, 기독교적 맥락에서는 하나님이 마땅히 받으실 최고의 가치와 존

숭을 하나님께 돌려 드리는 일이라고 할 수 있다.

성경에서는 하나님을 예배하는 마땅한 모습과 관련하여 두 가지 방면의 단어들이 사용되고 있다. 하나는 예배하는 이의 근본 자세를 묘사하는 단어인데 '섬기다'라는 동사로 나타난다.

시 2:11 **여호와를** 경외함으로 **섬기고** 떨며 즐거워할지어다!

눅 1:75 종신토록 **주의 앞에서** 성결과 의로 두려움이 없이 **섬기게** 하리라 하셨도다.

이것은 예배자가 **하나님께 종이 되어 그만을 받들고 충성을 바치겠다는 마음가짐**이다.

또 하나는 예배 시에 취하는 외적 동작 관련의 단어로서 통상 '절하다'로 표현된다.

대상 29:20 다윗이 온 회중에게 이르되, "너희는 너희 하나님 여호와를 송축하라" 하매 회중이 그의 조상들의 하나님 여호와를 송축하고 머리를 숙여 **여호와**와 왕**에게 절하고**

마 14:33 배에 있는 사람들이 **예수께 절하며** 이르되, "진실로 하나님의 아들이로소이다" 하더라.

여기에서 절하는 동작은 **하나님께 부복**俯伏(고개를 숙이고 엎드림)**함으로써 전적으로 하나님의 뜻을 좇고 순종하겠다는 결의**를 상징한다.

이상의 내용을 종합할 때 예배자는 하나님에 대해 '섬김'과 '절함/부복함'의 태도를 견지해야 하고 또 견지하게 된다. 그리하여 하나님을 영과 진리로 예배하는(예배 정신) 이에게서는 하나님을 섬기고 하나님께 부복하는 모습(예배자의 태도)이 발견될 것이다. 이처럼 새로운 시대의 예배는 예배의 본질에서 혁신적 면모를 갖추게 되었다.

예배의 본질과 예전

지금까지 우리는 예배의 본질, 즉 예배 정신(영과 진리로 예배함)과 예배자의 태도(섬김과 부복의 자세)를 규명해 왔다. 그런데 좀 더 실제적인 문제는, 과연 우리의 예배가 영과 진리로 드려지고 있으며, 과연 예배자가 예배 시간 내내 섬김과 부복의 자세를 견지하는가 하는 것이다. 이 사안을 제대로 다루기 위해서는 불가불 예배 의식을 구성하고 있는 예배 순서에 대해 알아보아야 한다.

▽ 공예배와 예배 순서

우리의 예배 활동은 주로 공예배公禮拜, public worship의 예배 순서를 통해 이루어진다. 공예배란 하나님의 백성이 공동체 단위로 모여 드리는 예배로서, 통상 주일 오전의 예배가 이에 해당된다. 그런데 공예배는 여러 가지 순서로 구성되어 있다. 신약 성경만을 참조해도 다음과 같은 항목들이 예배 순서와 연관된다.

말씀, 교제, 떡을 뗌, 기도 **행 2:42**

떡을 뗌, 말씀 **행 20:7**

신앙 고백 **롬 10:9-10**

주의 만찬 **고전 11:20**

찬송시, 가르치는 말씀, 계시, 방언, 통역함, 예언 **고전 14:26, 29**

연보 **고전 16:2**

축원 **고후 13:13**

시, 찬송, 신령한 노래 **엡 5:19; 골 3:16**

이처럼 공예배는 말씀, 교제, 떡을 뗌, 기도, 신앙 고백, 연보, 찬송시, 축원 등의 여러 가지 순서로 구성된다.

▿ 예배 순서와 예전

공예배의 예배 순서를 전문적으로 다루는 분야를 '예전'이라 부른다. '예전禮典, liturgy'은 공적 직무public service나 신들에 대한 경배를 뜻하는 헬라어 단어 **레이투르기아**λειτουργία에서 유래했는데, 오늘날에는 주로 "기독 교회의 공예배를 수행하는 데 필요한 지침"을 뜻한다.[8] 예전은 이처럼 공예배의 원만한 진행을 목표로 삼기 때문에 공예배와 연관한 어떤 양상이라도 소홀히 여기지 않는다. 따라서 예전은 일차적으로 각종 예배 순서(말씀, 기도, 찬송, 신앙 고백, 헌금, 성례, 축도 등)와 긴밀히 연관이 되지만 그 외의 사항 또한 배제하지 않는다. 그 외의 사항이란 다음과 같은 항목의 것들이다.

예배 시 사용되는 물건/물체들: 성경책, 찬송가, 기도서, 주보, 연보궤(헌금통), 떡, 포도주, 물, 잔 등.

특정한 복식: 목사 가운, 제의祭衣, 성가대 가운 등.

상징물: 십자가, 비둘기, 꽃장식, 스테인드글라스 등.

예식: 임직식, 창립 기념 예배, 파송식, 헌신 예배 등.

회중의 동작: 자리에서 일어남, 손을 들고 찬양함, 무릎을 꿇고 기도함, 떡과 잔을 먹고 마심 등.

이처럼 예전은 공예배 수행에 관계되는 모든 사항에 관심을 갖고 주의를 기울인다.

▽ 예전의 가치: 중요성과 주의점

예전은 예배의 본질(예배 정신, 예배자의 태도)과 공예배를 연결시키는 필수적 연결 고리이다. 이것은 특히 예배 순서의 경우에 현저히 드러난다. 이제 예전의 중요성을 세 가지 방면으로 정리해 보자. 첫째, 예배자의 태도는 예전적 진공 상태에서 일어나지 않는다. 하나님께 섬김과 부복의 자세를 취하는 것이 예배자의 마땅한 태도임은 앞에서 밝힌 바와 같다. 그러나 이러한 태도는 예배 순서의 적절한 운용과 더불어서만 활성화될 수 있다. 아니 할 말로 예배 순서를 깡그리 배제한다면, 예배자들이 공예배를 통해 하나님께 합당한 자세를 함양한다는 것은 불가능하다고 해도 결코 과언이 아니다. 이것은 예배의 태도가 활성화되는 데 예전의 역할이 얼마나 중요한지를 보여 준다.

둘째, 하나님을 하나님으로 예배하고자 하면 예전적 도움을 받아야 한다. 하나님을 예배하는 데에 우리는 마땅히 우리에게 허락된 모든 것을 총동원해야 한다. 예를 들어, 하나님을 영과 진리로 예배하는 데는 우리의 지성적 측면뿐 아니라 심미적 측면도 활용되어야 한다. 또 하나님에 대한 우리의 이해력은 직설적 진술에 의해서만이 아니라 상징적 수단을 통해서도 촉진된다. 따라서 공예배에서는 시(시편), 음악(찬양, 목소리, 악기), 미술(그림, 상징물, 교회당의 내부 구조), 드라마적 행위(세례와 성찬, 헌금), 커뮤니케이션(대표 기도, 신앙 고백, 말씀의 선포) 등 여러 방편을 채택해야 한다. 예전이야말로 바로 이것을 구체화하는 데 크게 기여한다.

셋째, 공예배는 질서와 일치 및 통일성이 요구되는데, 이를 제공하는 것이 예전이다. 공예배에는 공동체의 다른 구성원들이 함께 참여하므로 일개인의 자유 분방성이나 편의를 감안하기 어렵다. 각자가 자기 좋은 대로 예배 순서를 정하든지, 혹시 같은 순서라고 해도 서로 다른 내용을 고집하든지(찬송가, 성경 본문 등), 예배 도중에 각자의 사정에 따라 불시에 퇴장하든지 한다면, 공예배는 무질서·부조화·자의성 때문에 제대로 진행이 될 수 없을 것이다. 예전적 조치는 이런 파행적 사태나 문제점들을 미연에 방지함으로써 공예배 가운데 본질이 구현되도록 돕는 최선의 장치이다.

예전이 이토록 중요하지만, 그렇다고 하여 예전이라는 형식에만 몰두하면 그것은 오히려 참된 예배를 가로막는 방해 요인으로 작용할 수 있다. 다음의 네 가지 경향이나 특징이 이 점을 밝혀 준다. 첫째, 외관주의externalism에 빠질 수 있다. 이것은 예배자가 예배 의식儀式, 외형적 화려함, 표면상 분위기, 체면과 예의에는 신경을 쓰고 관심을 쏟되 정작 예배의 대상이신 하나님을 의식하지 않을 때 생기는 현상이다. 그러므로 우리는 하나님께서 예배자를 찾으시되 우리의 외적 면모가 아니라 내면적 심령 상태에 관심이 있으심을 지속적으로 기억해야 한다.

둘째, 형식주의formalism 또한 만만치 않은 문제점이다. 예배에 꼬박꼬박 참석하면서 예배의 각 순서를 따르는 데는 충실하지만 예배의 본질, 즉 예배 정신과 예배자의 태도에는 아랑곳하지 않는 수가 있다. 이런 이들의 경우, 예배의 순서는 충실히 따라야 하지만 이것은 어디까지나 하나님을 영과 진리로 예배하고 그분께 섬김과 부복의 자세를 표명하기 위한 수단임을 유념해야 한다.

셋째, 수동주의passivism의 성향이 배태되기도 한다. 이 성향에 사로잡히면 예배자는 예배의 진행 과정 내내 마음의 문을 안에서 걸어 잠근 채 마지 못해 예배 순서에 임하곤 한다. 비록 우리가 예배 순서의 책임을 맡고 있지 않다 할지라도 우리 모두는 각 예배 순서를 통하여 자발적이고 능동적으로 하나님을 예배하도록 힘써야 한다. 진행되는 예배 순서가 대표기도이든 찬송가이든 헌금이든, 자신이 그 순서를 통해 흡사 하나님을 개인적으로 예배하러 나아가듯 해야 한다는 말이다.

넷째, 이분주의dichotomism의 위험도 고려해야 한다. 이분주의란 예배자가 공적 예배에는 열심이되 그 이후의 일상생활에서는 예배자의 심령을 포기하든지 망각하고 살아가는 분열증적 증상을 가리킨다. 하나님께서는 공예배와 같은 의식을 통해서만 우리의 예배를 받으시는 분이 아니다. 예전으로서의 예배를 마치고 삶의 현장으로 나서는 순간부터 그분은 다시금 우리의 생활 가운데에서도 영과 진리로 예배하는 자를 찾으신다.

2

말씀

그리스도 중심으로

사도행전 2:14, 22-24, 32-36

[14]베드로가 열한 사도와 함께 서서 소리를 높여 이르되, "유대인들과 예루살렘에 사는 모든 사람들아! 이 일을 너희로 알게 할 것이니 내 말에 귀를 기울이라… [22]이스라엘 사람들아! 이 말을 들으라. 너희도 아는 바와 같이 하나님께서 나사렛 예수로 큰 권능과 기사와 표적을 너희 가운데서 베푸사 너희 앞에서 그를 증언하셨느니라. [23]그가 하나님께서 정하신 뜻과 미리 아신 대로 내준 바 되었거늘 너희가 법 없는 자들의 손을 빌려 못 박아 죽였으나 [24]하나님께서 그를 사망의 고통에서 풀어 살리셨으니 이는 그가 사망에 매여 있을 수 없었음이라… [32]이 예수를 하나님이 살리신지라. 우리가 다 이 일에 증인이로다. [33]하나님이 오른손으로 예수를 높이시매 그가 약속하신 성령을 아버지께 받아서 너희가 보고 듣는 이것을 부어 주셨느니라. [34]다윗은 하늘에 올라가지 못하였으나 친히 말하여 이르되, '주께서 내 주에게 말씀하시기를 [35]내가 네 원수로 네 발등상이 되게 하기까지 너는 내 우편에 앉아 있으라 하셨도다' 하였으니 [36]그런즉 이스라엘 온 집은 확실히 알지니 너희가 십자가에 못 박은 이 예수를 하나님이 주와 그리스도가 되게 하셨느니라" 하니라.

1장에서 우리는 예배의 본질, 즉 예배 정신과 예배자의 태도에 대해 알아보았다. 이제부터는 예배 순서의 중요한 항목들을 한 가지씩 검토할 예정이며, 2장에서는 그 첫 항목인 '말씀'을 탐구 대상으로 삼았다. 예배 순서의 '말씀'에는 '성경 봉독'과 '설교'라는 두 가지 하부 항목이 포함된다.

예배와 설교: 역사적 개요

기독교의 예전은 어느 정도 유대교의 종교적 전통에 기원을 두고 있다. 따라서 유대교 내의 제의祭儀가 어떤 식의 발전 과정을 겪었는지 대략적으로라도 살펴보는 것이 필요하다. 동시에 기독 교회 내의 추세 변화 또한 간략하나마 언급하고자 한다.

▿ 성전 시대

이스라엘의 역사를 거슬러 올라가 보면, 성전이 있던 때에는 예배에서 설교의 비중이 별로 크지 않았음을 알 수 있다. 성전 시대에는 예배가 의식儀式 중심이었기 때문에 제사를 드리는 것과 안식일이나 유월절 등 각종 절기를 지키는 것이 훨씬 더 중요하게 여겨졌다. 물론 어떤 시편들은 그 내용—예를 들어 시편 15:1, 24:3-10 등—이 예배 순서의 일부로 사용되었을 가능성이 크지만,[1] 그렇다고 해서 그것이 설교의 성격을 띤 것은 아니었다. 또 선지자들에 의해서 말씀이 선포되었으나, 이것이 정기 예배의 맥락에서 이루어지는 일은 아니었다. 이처럼 성전 중심의 예배에서는 설교가 중요한 순서로 자리매김하지 못했다.

이스라엘 백성들에게 닥친 바벨론 포로기는 예배 형식 면에서 커다란 전환점이 되었다. 무엇보다도, 성전이 훼파되자 전처럼 의식 중심의 예배를 드릴 수가 없게 되었다. 게다가 멀리 외국 땅에 포로로 잡혀 간 이들로서는 예배의 전망이 더욱 더 암담했다. 더러는 옛날을 그리워하기도 하고**시 137:1-6**, 다니엘 같은 경우 성전이 있던 예루살렘을 향하여 기도하는 등**단 6:10** 신앙적 전통을 지키기 위해서 노력했지만, 포로로 사는 기간이 길어지면서 곧 한계에 다다르고 말았다. 역사적으로 시기를 꼭 집어낼 수는 없지만, 대개 이즈음부터 회당이 건립되었고,[2] 이에 따라 '회당 예배'가 시작되었을 것으로 추정한다.

한편, 이스라엘 백성들은 본토로 귀환하면서 자신들이 바벨론의 포로가 되었던 원인이 하나님의 말씀을 준행하지 않은 데 있다는 사실을 뼛속 깊이 자각하게 되었다**참고. 레 26:14-15, 33, 39; 신 28:15, 25, 36-37; 왕하 17:13, 15, 18, 19-23; 대하 36:15-16, 20; 느 9:26, 29-30.** 이러한 반성과 더불어 상대적으로 말씀의 중요성이 크게 부각되었다. 에스라나 느헤미야와 같은 지도자들이 하나님의 말씀을 선포하는 데에 엄청난 힘을 쓴 것도, 바로 이러한 맥락에서 이해할 수 있다. 이리하여 성전에서 단순히 의식 중심의 예배를 드리는 것뿐 아니라 하나님의 말씀을 가르치고 배우는 것 또한 중요한 프로그램으로 채택이 되었다.

∇ 회당 시대

바벨론 포로기나 그 직후에 시작된 것으로 추정되는 회당 예배는 예수님 당시까지는 그 절차와 형식이 어느 정도 확고히 수립되었다. 예수님 당시에 보편화되었던 회당 예배에는 대개 네 가지 중요한 요소가 있었다.[3] 이 가운데 세 가지는 매일의 예배 의식에서, 나머지 하나는 안식일이나 절기에 채택되었다. 먼저 매일의 예배 의식부터 살펴보자. 매일 드리는 회당 예배는 첫째, "송축받으실 여호와를 송축할지어다!"라는 기원invocation으로부터 출발했을 것이다.

두 번째 요소는 **쉐마**שְׁמָה로서 문자적으로는 '들으라'라는 뜻인데, 여기에서는 유대인의 신앙 고백을 의미한다. 그 신앙 고백의 내용은 "이스라엘아! 들으라! 우리 하나님 여호와는 오직 유일한 여호와이시다"**신 6:4**인데, 포괄적으로는 신명기 6장 4-9절, 11장 13-21절, 민수기 15장 37-41절의 내용을 모두 포함한다. 이스라엘 백성들은 틈나는 대로 이 고백 내용을 자신과 자녀들에게 가르치도록 힘써야 했고**신 6:6-7, 11:19**, 기억을 새롭게 하기 위해 늘 접하는 물체 위에 그 내용을 새겨 놓도록 했다민 15:37-40; 신 6:8-9, 11:18, 20. 따라서 회당에서도 예배를 드릴 때 아침저녁으로 이런 고백을 했던 것이다.

회당 예배의 세 번째 요소는 **테필라**תְּפִלָּה인데, 이는 기도를 의미한다. 현재 알려진 테필라는 열여덟 가지 축원祝願 내용으로 구성되어 있는데, 이 축원들은 다양한 주제, 찬양, 영적·물질적 축복, 어려운 이들을 위한 간원 등을 망라한다. 바로 이런 기도문의 내용을 읽음으로써 기도를 드렸던 것이다.

회당 예배의 네 번째 요소는 안식일과 성일에 등장하는 바로서 '성경 봉독Scripture reading'을 말한다. 각각의 날에는 율법서와 선지서 말씀을 읽도록 했는데, 읽고 나서는 종종 앞서 읽은 구절을 해설하는 일이 뒤따랐다. 이 순서는 주로 회당 책임자 가운데 충분히 자격을 갖춘 인물이나 타지에서 온 방문자에 의해 진행되었다눅 4:16-20; 행 13:14-15 참고.

▿ 회당 예배 이후 시대

회당 예배를 구성하는 상기 네 가지 요소 가운데 맨 마지막 항목, '성경 봉독'은 기독교 예배에서 비슷한 형태로 이어진다. 비록 기독교가 오순절 사건을 계기로 새롭게 출발했지만, 상당한 세월이 흐르기까지는 유대교와의 차별성이 두드러지게 나타나지 않았다. 말하자면 기독교는 예수를 메시아로 인정하는 점만이 독특한, 유대교 내의 분파처럼 여겨지곤 했다. 따라서 교회의 예전 역시 유대인들의 회당 예배와 비슷한 양상을 띠지 않을 수 없었다. 특히 '성경 봉독' 순서는 성경 본문 읽기와 그에 대한 해설로 진행된다는 공통점을 지니고 있었다. 이후 기독 교회가 신앙의 내용 면에서 점차 유대교와 동일시될 수 없음이 밝혀지면서 둘 사이의 거리는 돌이킬 수 없이 벌어졌지만, 예전의 한 요소인 '성경 봉독'만을 놓고 본다면 둘 사이에 연속성과 유사성이 존재했음을 결코 놓칠 수 없다.

초기 기독교는 설교의 초점이 단순히 예수 그리스도의 인물됨과 사역(십자가와 부활)에 맞추어져 있었다.[4] 설교를 들은 이들은 그에 따라 회개와 믿음으로 반응하고 주 되신 그리스도께 자신의 삶 전부를 바치도록 요청을 받았다. 그러나 2-3세기로 접어들면서 교회는 수사학에 익숙한 이방인들을 대상으로 복음을 전해야 했고, 설교는 수사학적 원리들을 채택하지 않을 수 없었다.[5] 심지어는 설교자 자신이 회심 전에 수사학적 훈련을 받은 경우도 적지 않았다. 후자의 예로서, 가이사랴의 바실리우스Basil of Caesarea, 330-379, 안디옥의 요한John of Antioch, 347-407, 암브로시우스Ambrose, 339?-397, 아우구스티누스Augustine, 354-430 등이 있다.[6] 이때까지만 해도 설교는 예전에서 중요한 순서로 인정을 받았다.

그러나 서로마 제국이 멸망(476년)하고 게르만 민족의 대이동이 있던 5세기부터 15세기까지, 소위 중세 시대에는 예전에서 말씀의 위치가 크게 격하되고 교회의 예배는 거의 성례 위주의 의식으로 변모하고 말았다. 다행히 16세기 종교개혁의

횃불이 밝혀지면서, "개신교 예배는 성례적 특징이 줄어들고 좀 더 하나님의 말씀을 통한 하나님과 사람 사이의 만남에 치중한다. 그리하여 새로운 예배는 말씀 중심이 되었고, 그 결과 성경 봉독과 강론을 훨씬 강조하게 되었다."[7]

말씀 1. 성경 봉독

오늘날 한국 교회 내에서 성경 봉독Bible reading/Scripture reading은 설교자가 강해하기로 되어 있는 성경 본문을 설교자 자신이나 다른 이가 읽는 일로 이해하는 것이 관례이다. 또 영어권, 특히 영국에서는 'Bible reading'이라는 용어가 주로 공적 예배가 아닌 그리스도인끼리의 모임에서 이루어지는 바 성경 본문에 대한 간략한 주해를 의미하기도 한다. 그러나 여기서 말하는 성경 봉독은 설교로의 진입 절차로서 그저 해당 본문을 읽는 것도 아니고, 또 어떤 본문에 대한 간략한 주해를 뜻하는 것도 아니다. 오히려 예배 시간에 공적으로 성경을 읽는 별도의 순서를 가리킨다.

기독교 초기에는 성경 봉독 시간에 통상적으로 성경의 네 곳, 즉 율법서, 선지서, 서신 및 복음서를 읽었던 것 같으나, 4세기 이후에는 구약을 빼고 신약의 서신과 복음서만 읽는 식으로 발전되었다.[8] 이 순서는 종교개혁자들의 초기 예배에서도 매우 중요한 역할을 했다. 칼뱅과 그 후계자들은 예배 때마다 신구약 본문을 읽었는데,[9] 매 주일 연속적으로 그렇게 했다. 그리하여 회중은 매주의 예배 참석을 통해 성경의 전체 내용을 들을 수 있었다. 그 당시는 오늘날처럼 각자가 자국어로 된 성경을 갖추고 있지도 않았고, 또 기본 교육의 혜택을 누구나 받을 수 있던 시대도 아니었기 때문에, 이러한 성경 봉독 순서는 회중에게 더욱 큰 의미가 있었다. 그러나 세월이 흐르면서 인쇄술이 발전하고 자국어 성경의 보급과 식자識字 교육이 보편화됨으로써 신자들 또한 사적으로 성경을 읽을 수 있게 되자, 성경 봉독은 점차 그 중요성이 약화되었다.

어떤 경우에는 성경 봉독 시에 매주 시편을 읽기도 하고 간단한 운율에 맞추어 그 내용을 노래하기도 했는데, 이 순서는 오늘날의 예배 가운데 교독交讀, responsorial/responsive reading[10]의 형태로 남아 있다. 교회 주보에는 보통 '성시聖詩 교독'이라고 적혀 있는데, 좀 더 정확하게는 '성경 교독'이라고 해야 한다. 왜냐하면 현행 찬송가[11]에 수록되어 있는 137개의 교독문 가운데 66개만이 시편의 본문을 기초로 하고 있고, 나머지 71개는 다른 성경 본문을 그 내용으로 하고 있기 때문이다. 더 정확히 말하자면, 71개 교독문 가운데 7개는 잠언과 이사야서의 내용으로 되어 있고, 14개는 신약의 복음서와 일부 서신을 바탕으로 하고 있으며, 나머지 50개는 각종 절기에 합당한 성구들의 조합으로 되어 있다. 그러나 한국 교회 내에 이미 성시 교독이라는 용어가 굳어져 있기 때문에, '성경 교독' 대신 '성시 교독'을 취하고자 한다.

따라서 오늘날 우리의 예배 순서에 있는 '성시 교독'은 성경 봉독과 시편 찬양의 중간 형태라고 볼 수 있다. 즉, 한편으로는 '말씀'과 연관되고 다른 한편으로는 '찬송'과 연관된 예배 순서이다.

말씀 2. 설교

종교개혁자들의 중요한 공헌 가운데 한 가지는 하나님의 말씀을 예배의 중심 순서로 회복시킨 것이다. 그들은 단순히 성경을 봉독하는 것만으로는 하나님의 말씀이 회중의 삶에 영향을 미치지 못한다는 사실을 깨달았다. 그리하여 봉독한 본문 가운데 일부를 택하여 주해를 했는데, 이것이 바로 강설講說, homily로서 오늘날 설교의 전신이다. 그 후 어떤 본문을 택하여 좀 더 기술적인 성경 교훈sermon을 작성하는 식으로 발전하였고, 이것을 가리켜 설교라고 부르게 되었다.

그렇다면 하나님을 영과 진리로 예배하는 데에 설교가 그 역할을 다하기 위해서는 어떤 특징을 보유해야 할까? 사도행전 2장 14절에서 36절까지의 말씀에는 베드로의 오순절 설교 내용이 기록되어 있는데, 여기에서 우리는 좋은 설교의 네 가지 특징을 발견할 수 있다.

∇ 첫째 요건: 청중의 주목을 끄는 설교

좋은 설교는 우선 청중의 주목을 집중시키는 것이어야 한다. 베드로가 "유대인들과 예루살렘에 사는 모든 사람들아! 이 일을 너희로 알게 할 것이니 내 말에 귀를 기울이라"**행 2:14**고 외친 것은, 사람들이 자신의 메시지에 주의를 기울이도록 하기 위함이었다. 사실 오순절 설교 때의 상황은 설교자의 관점에서 볼 때 그리 바람직한 것이 아니었다. 왜냐하면 바로 그 전에 제자들의 방언이 터졌고, 이로 인해 사람들은 혼란과 의혹에 휩싸였기 때문이다. 성경은 이 정황을 다음과 같이 묘사한다.

> **행 2:4-13** [4]그들이 다 성령의 충만함을 받고 성령이 말하게 하심을 따라 다른 언어들로 말하기를 시작하니라. [5]그때에 경건한 유대인들이 천하 각국으로부터 와서 예루살렘에 머물러 있더니 [6]이 소리가 나매 큰 무리가 모여 각각 자기의 방언으로 제자들이 말하는 것을 듣고 소동하여 [7]다 놀라 신기하게 여겨 이르되, "보라! 이 말하는 사람들이 다 갈릴리 사람이 아니냐? [8]우리가 우리 각 사람이 난 곳 방언으로 듣게 되는 것이 어찌 됨이냐? [9]우리는 바

대인과 메대인과 엘림인과 또 메소보다미아, 유대와 갑바도기아, 본도와 아시아, [10]브루기아와 밤빌리아, 애굽과 및 구레네에 가까운 리비야 여러 지방에 사는 사람들과 로마로부터 온 나그네 곧 유대인과 유대교에 들어온 사람들과 [11]그레데인과 아라비아인들이라. 우리가 다 우리의 각 언어로 하나님의 큰 일을 말함을 듣는도다" 하고 [12]다 놀라며 당황하여 서로 이르되, "이 어찌 된 일이냐?" 하며 [13]또 어떤 이들은 조롱하여 이르되, "그들이 새 술에 취하였다" 하더라.

9절 이하에서 볼 수 있듯이, 당시 예루살렘에는 적어도 15개의 서로 다른 지역에서 오순절을 지키러 온 유대인들이 거하고 있었다. 이 유대인들은 자신이 원래 거하는 각 지역의 방언으로 하나님의 말씀이 선포되는 것을 듣고 보통 놀란 것이 아니었다. 따라서 그 당시 베드로가 대면한 청중의 분위기는 매우 어수선하고 뒤숭숭했을 것이다.

이 초자연적인 현상에 대한 청중의 반응은 크게 두 부류로 나뉘었다. 대부분의 사람들은 이 현상의 의미를 모르고 혼란스러워했고**12절**, 또 다른 부류의 사람들은 오히려 그들이 새 술에 취했다며 조롱을 마다하지 않았다**13절**. 이처럼 지극히 혼잡한 상황을 수습하기 위해 베드로가 설교를 시작했던 것이다.

베드로는 첫째 부류에 대해서는 "이 일을 너희로 알게 할 것이니 내 말에 귀를 기울이라"**14절**라고 말함으로써 그들의 관심을 유도했다. 또 둘째 부류에 대해서는 이 제자들이 술에 취한 것이 아니라는 사실을 사리에 맞게 설명함으로써 그들의 조롱이 부당함을 깨우쳤다. 그 당시 종교적 관습에 의하면, 오순절에는 유대인의 시간으로 6시(현재 우리 시간으로는 낮 12시)까지는 음식을 먹지 못하게 되어 있었다. 베드로는 이러한 관습을 전제로 하여, 당시 시간이 오전 3시(우리 시간으로 오전 9시)이기 때문에 이들이 술에 취한 것이 아니라고 설명했다**15절**.

베드로의 이러한 작업은 설교의 도입 단계에서 매우 필요한 조치이다. 우리는 베드로가 이를 통해 혼란을 진정시키고 메시지에 집중할 수 있도록 유도하는 데 성공하고 있음을 볼 수 있다. 물론 이러한 시도가 매번, 그리고 모든 설교에 다 필요한 것은 아니다. 만일 청중이 이미 마음을 활짝 열고 설교에 집중할 자세를 취하고 있다면, 장황한 도입부는 오히려 거추장스러울 수도 있다. 그러나 청중이 심리적 거부 반응을 보인다거나 무관심한 경우, 혹은 설교에 집중할 상황이 조성되지 않은 경우나 불신자를 대상으로 설교해야 하는 경우, 이 과정은 필수적이다. 이러한 이유 때문에 우리는 청중의 주목을 끄는 것이 좋은 설교의 첫 번째 특징이라고 말하는 것이다.

∇ 둘째 요건: 본문의 의미를 명백히 밝혀 주는 설교

좋은 설교는 또 성경 본문의 내용을 잘 소개하고 그 의미를 올바르고 정확하게 풀이하는 것이어야 한다. 실제로 이것은 설교의 가장 핵심적인 특징이라 할 수 있는데, 이 점은 더 이상 설명이 필요 없을 정도로 베드로의 설교에 잘 나타나 있다. 베드로의 설교는 구약의 세 본문에 대한 인용과 해설을 중심으로 전개된다.

먼저, 베드로는 요엘 2장 28-32절을 인용하여 설교한다 17-21절. 인용의 주된 목적은 오순절에 일어난 방언 현상이 말세에 실현될 성령 역사의 일환임을 깨우치는 것이다. 결국 베드로의 요지는 '지금 우리가 이렇게 방언으로 하나님의 큰 일을 말하는 것은 새 술에 취했기 때문이 아닙니다. 이것은 선지자 요엘을 통해 예언하신 대로 하나님의 성령께서 역사하셨기에 일어난 바입니다'라는 것이다.

이어서 그는 본격적으로 예수 그리스도의 공생애, 십자가와 부활을 소개한다 22-24절. 특히 그리스도의 부활에 관해서는 시편 16편 8-11절을 인용하는데 25-28절, 이것이 두 번째 구약 인용이다. 베드로는 이 인용구를 설명하면서, 다윗이 생명의 소망을 노래한 그 시는 결코 다윗 자신에 대한 것이 아니고, 실상은 예수 그리스도의 부활을 예언한 것이라고 주장한다. 왜냐하면 시편 저자인 다윗은 이미 사망하여 그 무덤이 그들 가운데 있기 때문이라는 것이다 29절. 오히려 다윗은 선지자로서 메시아를 예언했고, 그가 예언한 예수께서는 부활하시고 구약부터 약속된 성령님을 성부 하나님께로부터 받아서 부으셨으며, 그 결과 바로 오순절 당일의 초자연적 현상이 일어났다는 것이다**30-33절**.

베드로는 **다시금** 시편 110편 1절을 인용하여**34-35절** 승천하신 예수께서 하나님 우편에 앉아 계신 사실을 밝힌다. 이 구절의 내용에 나오듯 예수께서 하나님 우편에 앉아 계신 것이 참이라면, 그리스도께서는 이미 승천하셨다는 뜻이 된다.

좋은 설교는 이렇듯 본문을 옳게 소개하는 것뿐 아니라 본문의 의미를 명확하게 밝히는 것까지 포함한다. 따라서 설교에서는 항시 성경의 본문이 설교 내용의 근간이 되어야 한다. 물론 설교 시간에 정치에 관한 사항을 절대 다룰 수 없다든지, 세상 돌아가는 이야기를 하면 안 된다든지 하는 것은 아니지만, 그런 내용들은 본문의 해석이나 적용과 연관이 되어야만 비로소 그 의미가 살아날 것이다.

오래전부터 그리스도인들 사이에는 '성경 강해'라는 말이 보편화되어 있다. 이는 영어로 'exposition'인데, 여기서 'ex'는 '바깥으로'라는 뜻이고 'posit'는 '놓다'라는 뜻이다. 즉, 성경을 강해하는 것은 성경의 내용을 밖으로 꺼내어 사람들 앞에 놓는 것, 다시 말하자면 성경의 의미를 명백히 밝혀서 청중에게 진리의 말씀으로 제시하는 것이다. 그런데 우리가 종종 목격하는 바는, 설교자 편에서 성경 본문에 있지도 않은 주장이나 생각을 주입해 넣으면서 마치 그것이 진리인 것처럼 과장하는 일이다. 이것은 '*ex*-posit-ion'의 반대인 '*eis*-position'으로서 **억해**抑解라고 번역할 수 있다. 그러므로 성경 본문의 말씀을 잘 풀어서 그 원래의 의미를 밝히는 올바른 주석 작업이야말로 좋은 설교의 중요한 특징이라고 할 수 있다.

▽ 셋째 요건: 그리스도께 초점을 맞추는 설교

좋은 설교가 가져야 하는 또 한 가지 특징으로서 오늘 베드로의 설교에서 밝히 드러나는 사항은, 설교의 모든 초점이 그리스도께 맞추어져 있다는 점이다. 본문을 살펴보면 곧 알 수 있듯이, 베드로의 성경 해설이 지향하는 최종 목표는 예수 그리스도였다.

예수님에 대한 베드로의 증거는 두 가지 각도에서 이루어졌다. 첫째, 객관적 성격의 증거이다. 그는 먼저 예수 그리스도의 공생애 사역을 묘사하는데**22절**, 그 사역이 권능·기사·표적으로 가득했음을 시사한다. 그러고 나서 "하나님께서 정하신 뜻과 미리 아신 대로 내준 바 된"**23절 상반절** 그리스도의 십자가 사건을 언급한다. 이어서 그는 "하나님께서 그를 사망의 고통에서 풀어 살리셨으니 이는 그가 사망에 매여 있을 수 없었음이라"**24절**라고 함으로써 그리스도 부활의 당위성을 설명한다.

베드로의 객관적 증거는 거기서 끝나지 않는다. 33절 상반절에 보면 "하나님이 오른손으로 예수를 높이셨다"라고 함으로써, 예수 그리스도의 승천을 언급하고 있다. 또 33절 하반절에서는 성령의 강림 또한 그리스도의 사역임을 밝히고 있다.

둘째, 베드로는 그리스도에 대해 주관적 성격의 증거를 제시하고 있다. 주관적 성격의 증거란 예수 그리스도께서 하신(혹은 겪으신) 바가 당시의 유대인들과 어떤 식으로 연결되는지를 묘사하는, 그런 형태의 증거를 말한다. 이와 관련하여 두 가지 사항이 나타난다. 우선, 예수께서 성령 강림의 매개자가 되셔서 "너희 보고 듣는 이것—강한 바람**2절**, 불의 혀**3절**, 방언**4절**—을 부어 주셨다"**33절 하반절**고 했다. 또 예수께서는 지금 설교를 듣고 있는 유대인들에 의해 십자가형을 당했다. "너희가…못 박아 죽였다"**23절 하반절**. 베드로는 설교의 끝부분에서 "너희가 이 예수를 십자가에 못 박았다"**36절**라고 다시 한번 강조한다.

본문에서 살펴볼 수 있듯이, 이렇게 베드로의 설교는 철두철미 예수님에 대한 것이었다. 물론 모든 설교가 항시 예수 그리스도를 명시적으로 가리킬 필요는 없다. 그러나 모든 설교는 궁극적으로 그리스도를 지향하는 것이어야 한다. 왜냐하면 그리스도를 정점에 두지 않는 설교는 종종 도덕적인 훈계에 그치거나 심리학적 자조책自助策, self-help을 강조하는 논조로 흐를 수 있기 때문이다. 이러한 핵심을 잃지 않기 위해서라도 설교의 중심에는 항시 그리스도가 계셔야 한다.

∇ 넷째 요건: 결단을 내리게 하는 설교

마지막으로, 좋은 설교는 듣는 사람이 모종의 결단을 내리도록 종용해야 한다. 이것이 설교와 강연의 근본적인 차이점 가운데 하나일 것이다. 물론 강연이나 토론도 충분히 유익할 수 있다. 그러나 설교는 강연과 달리 결단이나 헌신, 또는 태도 변화 등 실존적 반응을 유도하는 특징이 있다. 베드로의 오순절 설교는 끝부분에 이르러 이러한 실존적 반응을 잘 나타내고 있다.

행 2:37 그들이 이 말을 듣고 마음에 찔려 베드로와 다른 사도들에게 물어 이르되, "형제들아! 우리가 어찌할꼬?" 하거늘

베드로의 설교를 들은 유대인들은 마음에 찔림을 받았고 어떻게 하면 좋을지**37절** 도움을 요청하기에 이르렀다. 이것은 그들이 참 메시아요 구세주인 예수 그리스도를 십자가에 못 박았다는 베드로의 도전**36절** 때문이었다.

물론 설교에 의한 실존적 반응이 항시 37절에서처럼 명시적일 필요는 없다. 그러나 설교를 들은 사람의 마음속에는 언제든지 설교로 인한 모종의 동요가 있어야 한다. 이를 위해서는 처음부터 설교자와 청중 사이에 마음의 교감이 있어야 할 것이다. 일반적으로는 설교를 일방 소통deadend communication인 양 여기고 있지만, 실상은 그렇지 않다. 설교는 쌍방 소통two-way communication으로서, 설교자는 설교를 하면서 청중이 은연중에 나타내는 무언의 반응을 느낄 수 있다. 설교자는 이러한 반응을 통해서 청중이 설교를 어떻게 받아들이는지 가늠하는

것이다.

베드로의 설교를 살펴볼 때, 우리는 베드로도 이 반응을 느꼈음을 알 수 있다. 이는 무엇보다도 베드로가 사용하는 호칭의 변화에서 엿볼 수 있다. 베드로가 청중을 부르는 호칭이 객관적이고 격식적인 것에서 주관적이고 친밀한 것으로 변하고 있음을 보게 된다. 처음 청중을 대할 때는 그들을 "유대인들과 예루살렘에 사는 모든 사람들"**14절**이라 부르고 있다. 이는 청중의 지리·언어적인 이질성을 반영한 공식적인 호칭이다. 그런데 22절에서는 "이스라엘 사람들"이라고 부른다. 이는 '언약 백성'으로서의 그룹 단위적 정체성group identity을 수립하는 호칭이다. 그리고 29절에 보면, 결국 그들을 "형제들아"라고 부른다. 이는 유대인이 가장 가까운 상호 관계를 표명할 때 사용하는 호칭으로서, 베드로와 모여 있는 무리 사이에 깊은 교감이 이루어지고 친밀성 또한 한껏 발전했음을 보여 준다. 이렇듯 좋은 설교는 설교자가 자신의 설교를 듣는 사람들과의 교감 속에서 그들이 모종의 결단을 내리도록 돕는 것임을 알 수 있다.

어떤 설교자[12]는 훌륭한 설교에 나타나는 이상의 네 가지 특징을, 머리글자[頭文字]를 따서 ABCD로 표현했다. 즉, 'Arresting'(주목을 끄는 설교), 'Biblical'(성경적인 설교), 'Christ-centered'(그리스도 중심의 설교), 'Demanding'(결단을 촉구하는 설교)이 바로 그것이다. 설교가 이러한 네 가지 특징을 가질 때에야 비로소 설교를 통해서도 영과 진리의 예배가 하나님께 드려질 수 있을 것이다.

예배를 위한 설교

설교가 이토록 중요하지만, 그렇다고 하여 설교 자체만 가지고 반드시 훌륭한 예배가 성립되는 것은 아니다. 예배의 본질은 1장에서 살펴보았듯, '하나님을 영과 진리로 예배하는 것'(예배 정신)과 '예배자가 섬김과 부복의 자세를 갖는 것'(예배자의 태도)에 있다. 만일 이런 정신과 이런 태도를 유발하지 않는 설교라면, 그 설교는 사실상 예배를 위한 것이 아니라고 해도 과언이 아니다.

그러면 어떻게 함으로써 설교가 영과 진리의 예배를 촉발하고 섬김과 부복의 태도가 예배자에게서 구현되도록 자극할 수 있을까? 이에 대해서는 목회자의 입장과 회중의 입장으로 나누어 설명하고자 한다.

▽ 목회자의 입장

목회자는 앞에서 말한 대로 ABCD의 특질을 갖춘 훌륭한 설교를 준비해야 한다. 목회자가 올바른 설교를 준비하지 않으면, 자신에 대해서나 회중에 대해서나 참된 예배를 구현할 수 없기 때문이다. 그러나 좋은 설교의 **준비**만으로 참 예배가 보장되는 것은 아니다. 특히 목회자는 설교를 전달하면서 번번이 회중의 반응에 신경을 쓰기 때문에, 정작 설교를 하는 자신은 영과 진리로 하나님을 예배하지 못하는 경우가 반복적으로 발생한다. 따라서 설교자는 청중에게 초점을 맞추되 궁극적으로는 영과 진리로 하나님을 올려다보며 설교에 임해야 한다. 물론 이러한 이중 관점적二重 觀點的 시각 형성은 쉽지 않은 일이다. 그러나 참 예배를 위해서는, 설교자로서 반드시 거쳐야 할 영적 훈련 과정임도 부인할 수 없다.

∇ 회중의 입장

이것은 설교를 듣는 사람에게도 똑같이 적용된다. 우리의 최종 목표는 하나님을 예배하는 것이다. 따라서 우리는 단순히 설교를 듣는 것이 아니라, 선포되는 설교의 메시지를 통하여 지속적으로 하나님을 예배해야 한다. 설교조차 영과 진리로 하나님을 예배하기 위한 수단임을 잊어서는 안 될 것이다.

만일 그날의 메시지가 하나님의 성품에 관한 것이라면 설교를 통해서 영과 진리로 하나님을 예배하는 일이 비교적 쉬울 것이다. 하지만 설교 내용이 하나님의 성품과 직접 연관되지 않는다 하더라도, 우리는 영과 진리의 예배 정신 가운데 계속해서 주님을 올려다보아야 한다. 가령 형제 사랑이나 세상 속의 삶에 대한 설교를 듣는다고 하자. 그때 우리는 '주님, 저의 몸을 당신께 바칩니다. 당신의 뜻이 이루어지기를 바랍니다. 형제를 사랑하는 데에, 세상에서 삶을 사는 데에 저 자신을 산 제사로 드립니다' 하는 마음으로 얼마든지 주님을 예배할 수 있다. 따라서 설교 내용이 하나님의 성품과 직접적으로 관련이 있든 없든 간에, 우리는 항상 설교를 통해서 하나님을 예배해야겠다는 마음가짐으로 설교에 임해야 한다.

설교를 하는 사람에게나 설교를 듣는 사람에게나 설교의 목적은 하나님을 경배하고 예배하는 것이다. 이것이 설교가 목표하고 지향하는 바이다. 단지 '설교를 열심히 전달하는 것'(목회자 편)이나 '설교를 경건히 감상하는 것'(회중 편)이 예배의 핵심이 될 수는 없다. 설교를 강조하는 일이 매우 중요하지만, 만일 설교가 영과 진리로 예배하는 목적을 이루지 못한다면, 불행하게도 그것은 영적 실패라고 할 수밖에 없다. 설교는 우리가 하나님께 더 가까이 나아가고, 그분을 더 높이고, 더욱 참되이 그분을 예배하게 하는 수단이 되어야 한다. 설교자나 설교를 듣는 회중이나 모두 설교를 통해서 '영과 진리'로 하나님을 참되이 예배할 수 있도록 끊임없이 힘써야 할 것이다.

3

기도

향기로운 제물

시편 67:1-7

[1]하나님은 우리에게 은혜를 베푸사 복을 주시고 그의 얼굴 빛을 우리에게 비추사 (셀라) [2]주의 도를 땅 위에, 주의 구원을 모든 나라에게 알리소서! [3]하나님이여! 민족들이 주를 찬송하게 하시며 모든 민족들이 주를 찬송하게 하소서! [4]온 백성은 기쁘고 즐겁게 노래할지니 주는 민족들을 공평히 심판하시며 땅 위의 나라들을 다스리실 것임이니이다. (셀라) [5]하나님이여! 민족들이 주를 찬송하게 하시며 모든 민족으로 주를 찬송하게 하소서! [6]땅이 그의 소산을 내어 주었으니 하나님 곧 우리 하나님이 우리에게 복을 주시리로다. [7]하나님이 우리에게 복을 주시리니 땅의 모든 끝이 하나님을 경외하리로다.

기도는 그리스도인이 하나님과 더불어 갖는 교제의 수단으로서 하나님을 높이고 감사와 찬양을 드리며, 우리의 잘못과 필요를 아뢰는 경건의 통로이다. 그런데 기도는 공예배와의 관련성을 염두에 둘 때 '개인 기도private prayer'와 '공동 기도corporate prayer'로 크게 구분할 수 있다. 개인 기도는 다른 이의 방해를 받지 않고 혼자서 하는 기도**마 6:6; 막 1:35**이고, 공동 기도는 그리스도인들이 함께 모여 드리는 기도**마 18:19-20; 행 4:23-24**이다. 3장에서는 공동 기도 가운데 한 가지 형태인 '공예배에서의 기도'를 다룰 것이다.

공예배에서 드리는 기도

초기 기독교 예배가 유대인의 회당 예배를 본떴음은 2장에서 밝혔다. 회당의 예배에서 기도가 중요한 순서였던 것처럼, 기독교의 예배에서도 기도는 예전의 의미를 살리는 필수불가결한 요소였다.[1] 이 말의 의미인즉, 하나님을 영과 진리로 예배하고자 하면 공예배 가운데 필히 '기도' 순서를 포함해야 하고, 공예배에서 기도가 제 기능을 다하면 하나님을 영과 진리로 예배하는 일에 진보가 나타난다는 것이다.

▿ 기도의 계기들

오늘날 우리가 참여하는 공예배를 찬찬히 들여다보면, 최소 네 번의 기도가 등장함을 알 수 있다. 첫째, 예배 시작 시 아뢰는 기도가 있다. 이것은 하나님께서 예배에 함께 해 주십사 아뢰는 간청의 기원invocation이다. 회중 전체가 참여하되 예배의 사회자가 기도를 인도함으로써 마무리된다. 둘째, 회중의 대표로서 신앙 공동체를 위해 기도하는 대표 기도가 있다. 이 기도는 통상 교우들이 담당하는데, 공예배 가운데 매우 비중이 큰 순서로 인식되고 있다. 셋째, 설교 후에 진리의 적용을 위해 기도한다. 특별한 이유가 없는 한 이 기도는 설교자(따라서 주로 목회자)가 하게 된다. 넷째, 헌금 봉헌을 위한 기도 또한 일반화되어 있다. 대부분의 교회에서는 헌금 순서 후에 기도를 드리지만 일부 교회에서는 헌금을 바치기 전에 기도를 하기도 한다. 봉헌 기도는 대개 예배의 사회자 곧 목회자가 하는 것으로 되어 있다. 이 네 가지 계기의 기도 가운데, 우리의 관심은 둘째 항목에 쏠려 있다.

▿ 기도의 방도들

예전 분야의 전문가인 호턴 데이비스Horton M. Davies, 1916-2005는 공예배에서의 기도와 관련하여 세 가지 형태가 있음을 알려 준다.[2] 첫째, 예전적 기도liturgical prayer의 방도가 있는데, 여기에서는 예배 의식서에 수록된 기도문을 사용한다. 동방 정교, 로마 가톨릭, 루터파 및 성공회에 속한 그리스도인들이 이런 방식을 채택한다. 회중이 목소리를 내어 기도하고, 교회의 통일성을 보존하며, 과거 신앙 전통의 풍요함을 기도에 담는다는 이점이 있다. 그러나 동시에 기도가 형식화될 수 있고 시대적·지역적 필요를 반영하지 못한다는 단점 또한 존재한다.

둘째, 성령의 도우심**롬 8:26**에 힘입어 자유롭게 기도하는 방식이 있다. 대체로 침례교회, 회중교회, 장로교회 같은 교파들이 이런 식의 기도를 선호한다. 이 경우 기도자는 정해진 기도문을 사용하지 않고, 하나님과 대화하듯 즉흥적으로 기도한다. 약점은 기도가 설교식이 되거나 회중을 향하는 것처럼 방향을 잃기도 하며, 말의 표현이 부적절하거나 중언부언할 수 있다는 것이다.

셋째, 침묵을 유지하는 기도도 있다. 퀘이커Quakers 또는 친우회Society of Friends에 의해 발전한 기도 형식이다. 이것은 성령께서 회중의 마음 가운데 운행하신다는 진리에 기반을 두고 있다. 그러나 침묵 기도는 초신자들에게나 예배 시 목소리를 들려주어야 하는 공예배에서는 적합하지 않다.

데이비스의 세 가지 기도 형태는 공예배 시 대표 기도를 어떤 방도로 시행할지에 대한 단서가 된다. 한국 교회의 현황을 고려할 때, 첫째 방도는 배제된다. 한국 교회에 정착한 대부분의 교파는 공예배 시 기도서를 사용하지 않기 때문이다. 동시에 셋째 방도도 부적합하다. 혹시 개인 기도의 경우에는 침묵 기도가 맞을지 몰라도 공예배 시의 기도에는 전혀 목적에 부합하지 않기 때문이다.

그렇다면 남은 길은 즉석 기도extemporary prayer라고도 불리는 두 번째 방도밖에 없다. 이것은 마음에서 자연스럽게 우러나는 기도요, 개인의 심령이 성령의 도우심을 받아 즉각적으로 표현하는 기도이다. 물론 이런 기도에도 상기한 것처럼 문제점이 있지만, 이것은 기도자가 미리부터 생각하고 준비하면[3] 얼마든지 예방할 수 있다. 심지어 기도자는 기도할 내용을 아예 글로 적을 수도 있다. 이런 의미에서 현재 한국 교회에서 채택하고 있는 대표 기도의 전통은 합리적이고 적절한 기도의 방도라고 볼 수 있다.

대표 기도의 형식상 면모들

대표 기도라는 용어 자체는 성경 어디에서도 찾아볼 수 없다. 이것은 한국 교회가 관습상 사용하는 용어인데, 어떤 한 사람이 회중을 대표해 기도함으로써 예배하는 자들의 심령을 하나로 묶어 하나님께 올려 드리는 것을 의미한다. 이때 기도자는 한 개인으로서가 아니라 회중 전체의 대표로서 하나님께 기도를 드리는 것이다. 대표 기도를 이같이 정의할 때, 그 목적

또한 명약관화하게 드러난다. 즉, 공동체가 함께 하나님 앞에 나아가 그의 왕 되심을 인정하고 그의 이름을 높이며 공동체의 필요를 아뢰는 것이 바로 그 목적이다.

대표 기도의 시행 방안에 대해 명확히 정리된 바는 그 어디에서도 찾아볼 수 없다. 그러나 필요한 경우 다양한 예배 전통과 예배 현장을 살펴봄으로써, 어느 정도 가이드라인은 얻을 수 있을 것이다.

∇ 대표 기도, 누가 할 것인가?

대표 기도의 기본 취지는 한 사람이 교인 전체를 대표해 기도한다는 데 있다. 이때 누가 교인을 대표할 것인가 하는 문제에 대한 답은, 교회의 관습과 전통에 따라서 여러 가지로 다르게 나타난다. 서양 교회들의 경우에는 주로 목회자가 대표 기도를 한다. 이를 따로 '목회 기도pastoral prayer'라고 부르는데, 이때 목회자는 개인으로서가 아니라 교인들의 대표로서 기도에 임하게 된다. 목회자는 심방이나 여타 목회 활동 중에 기도의 필요성을 느낀 항목을 적어 둠으로써, 혹은 예배 도중 교우들에게 기도 제목을 제시하도록 격려함으로써 기도할 내용을 정하기도 한다.

일반적으로 한국 교회에서는 장로들(장로 제도를 채택하지 않은 침례교 같은 경우는 집사들)이 돌아가면서 기도를 한다. 그러나 교인의 수효가 적고 아직 조직화되지 않은 교회에서는 일반 교우들이 돌아가면서 기도를 하게 된다. 이것은 가정 교회를 지향하는 작은 공동체에서도 마찬가지이다. 물론 이렇게 작은 교회에서 채택하는 민주주의적(?) 방식에는 다음과 같은 약점이 있다. 신앙의 연륜이 짧은 사람에게 대표 기도를 맡길 경우 심리적 부담을 아주 크게 느낀다는 점, 경험이 적은 사람이 교인들을 대표해 기도할 때 대표 기도의 취지와 목적을 살리기가 쉽지 않다는 점, 그리고 대大교회의 기도 순서 담당자에 비해 책임 의식이 상대적으로 약하고 순서 담당자가 더러 자기 의무를 성실히 이행하지 않는다는 점 등이다. 그러나 이러한 기도 방식이 갖는 장점 또한 간과할 수 없다. 첫째, 일반 교우들이 대표 기도에 참여하는 일은, 교회의 구성원들이 개인의 관점을 넘어서서 공예배와 교회 공동체를 바라보도록 만드는 계몽의 기회를 제공한다. 교인들이 예배 순서를 담당하는 경험 없이 허구한 날 그저 예배에의 참석만을 종용받을 때, 예배 전체를 꿰뚫어 보는 안목이나 공동체 전체를 생각하는 시각이 결여되기가 쉽다. 반대로 교우들이 대표 기도 등 어떤 순서를 담당하는 가운데 예배에 임하면, 예배를 공동체 전체의 관점에서 파악할 수 있는 통찰력이 형성된다. 둘째, 교회 구성원 각 사람에게 대표 기도 순서를 맡도록 의무화하면, 일반 교우들이 공적 예배에 능동적으로 참여하게 된다. 예배의 모든 순서에 교우들의 참여가 적극적으로 이루어지지 않으면, 그들의 자세는 자연히 수동적으로 돌아설 수밖에 없다. 실제로 교회에서 드리는 많은 예배를 보면 교인들 대부분이 그저 방관자적 자세로 회중석만 차지하고 있는 것을 목도하게 된다. 대표 기도를 일반 교우들에게 맡기는 것은 예배에 대한 능동적 참여를 유도한다는 의미에서도 매우 의미심장한 일이다.

이러한 장점 때문에 앞서 지적한 약점에도 불구하고 가정교회나 소小교회들에서는 일반 교우들이 돌아가며 대표 기도를 담당하고 있다. 이러한 작은 신앙 공동체들은, 한국 교회의 기존 관행—적은 비율의 직분자들만이 배타적으로 대표 기도 순서를 담당하는 것—보다 일반 교우들이 폭넓게 참여하는 방식이 더 바람직하다고 믿는다. 단지 그들이 신경 쓰는 바는, 일반 교우들이 돌아가며 대표 기도 순서를 맡을 때 수반되는 약점들의 보완 문제이다. 그리하여 그들은 대표 기도 순서를 담당하는 교우들의 책임 의식을 일깨운다거나, 대표 기도를 할 교우에게 대표 기도의 취지와 목적을 설명하는 안내문을 소개한다든지 함으로써 개선과 보완을 꾀할 수 있다.

▽ 대표 기도, 어떻게 준비할까?

대표 기도를 준비하는 데는 크게 두 가지 길이 있다. 첫째, 자기 나름대로의 기도문을 작성하여 대표 기도에 임하는 방식이다. 이것은 기도할 내용을 미리 써서 그것을 바탕으로 기도하는 일을 의미한다. 우리가 가진 통념과는 달리 이것은 매우 바람직한 기도 방식이다. 물론 자신이 쓴 기도문이 대표 기도로서의 역할을 제대로 수행하려면, 기도문을 미리 준비해야 한다는 것과 그 기도문의 내용을 진심으로 기도할 수 있어야 한다는 두 가지 사항이 전제되어야 한다.

대표 기도의 내용을 준비하면서 우리는 기존의 좋은 기도문을 참고할 수 있다. 앞에서 언급했듯 기도서의 사용을 삼간다고 해서 그것이 좋은 기도문의 불필요성과 무용성을 지지한다는 말은 아니다. 평소에 알고 있는 좋은 기도문[4]의 내용이 하나님을 영과 진리로 예배하는 데 자극이 된다면, 그런 기도문을 참조하여 자신의 대표 기도를 작성하는 것은 전혀 문제가 되지 않는다. 다시 말해서, 판에 박은 듯한 기도서의 사용은 바람직하지 않으나 적절한 내용의 기도문이 있어서 이것을 활용하는 일은 기도문 작성을 하는 데 합당한 요령으로 볼 수 있다.

물론 어떤 이는 다른 기도문을 참조하지 않고 스스로 자신의 교회 실정에 적합한 대표 기도문을 준비하는 데 힘을 쏟고자 할 것이다. 훌륭한 시도이다. 할 수만 있으면 다른 자료에 의존하지 않고 독자적으로 기도문을 작성하는 것이 더 낫다. 그러나 다른 기도문을 참조하든 독자적으로 내용을 꾸미든, 어쨌든 작성한 기도문을 가지고 대표 기도에 임하는 것이 첫째 방안이다.

아울러 어떤 이가 기도문을 써서 대표 기도를 하고자 할 때 필요하다고 여겨지는 사항을 두 가지만 부가적으로 언급하겠다. 우선, 자신이 쓴 기도문의 내용을 사전에 여러 번 읽어서 외울 정도까지 되는 것이 바람직하다. 대표 기도자의 기도 행위와 기도 내용이 따로 놀지 않고 기도의 흐름을 자연스럽게 유지하기 위해서는 이런 훈련이 필수적으로 요구된다. 이것은 설교를 준비하는 과정에서 설교자에게 요구되는 바와 비슷하다. 설교자가 설교를 준비할 때 설교 내용을 논리적으로 구성하는 것도 물론 중요하지만, 실제 설교 시 듣는 사람과 대화하듯이 자연스럽게 설교를 하기 위해서는 그 내용을 여러 번 반복해 읽어서 거의 외울 정도가 되도록 하는 것도 중요하다.(만약 이것이 선행되지 않으면, 설교는 마치 원고를 읽는 것처럼 부자연스럽게 진행될 것이다.) 이처럼 대표 기도를 하는 사람이 기도문의 내용을 숙지하지 않아 자연스러운 기도로 표현할 수 없다면 그는 예배의 부드러운 진행을 방해하는 셈이 된다.

또 한 가지 기억할 사항은, 대표 기도자가 기도문이 기록된 종이를 다룰 때 불필요한 잡음이 생기지 않도록 조심해야 한다는 것이다. 기도하면서 기도문을 만지작거린다든지 넘기면서 바스락거리는 소리를 낸다든지 하는 것은 바람직하지 않다. 또 기도를 끝내고 단상을 내려가면서 종이 치우는 소리나 종이 접는 소리를 크게 낸다든지 하는 일도 없어야 한다. 이러한 소리가 유난히 커지면, 예배 참석자들이 민망함과 안쓰러움을 느껴 하나님께 집중하여 기도하는 일에 방해를 받기도 한다.

둘째, 기도자가 글로 쓴 기도문 없이 그냥 대표 기도를 하는 길이 있다. 이것은 기도하는 이가 기도문을 따로 작성하는 식의 보조 수단에 의존하지 않고 그냥 기도하는 일로서, 한국 교회에서 흔히 볼 수 있는 기도 양태이다. 한국 교회에서는 이렇게 즉흥적 기도를 유창하게 하는 정도에 비추어 기도 당사자의 '믿음'이나 '열정' 혹은 '영성'의 정도를 측정하곤 한다. 그러나 이것은 사실에 맞지도 않고 바람직하지도 않은 평가 습관이다. 유창하게 하든 천천히 또박또박하든, 기도 내용에 기도자의 진정성이 담겨 있기만 하다면 훌륭한 기도인 것이다. 오히려 청산유수식의 기도는 앞뒤가 맞지 않고 산만하게 흘러갈 수 있으므로, 기도자는 즉흥적 기도를 시도한다 하더라도 무엇을 하나님께 아뢸지 마음속으로 충분히 정리한 후 대표 기도에 임해야 할 것이다. 그러므로 기도문 없이 즉흥적으로 아뢰는 대표 기도라 할지라도, 기도자는 사전에 생각을 명료히 정리하고 어떤 내용으로 기도할지 여러 번에 걸쳐 실제처럼 연습해 봐야 한다. 이런 점에서 즉흥적 대표 기도도 기도문을 작성해서 기도하는 방도에 못지않게 철저한 준비가 필요하다.

▽ 대표 기도, 무엇에 유의할까?

대표 기도를 할 때는 어떤 언어를 사용할지, 시간은 어느 정도가 적당한지 염두에 두어야 한다.

대표 기도 때 사용하는 언어는 당연히 존칭이어야 한다. 우리 문화에서는 신분이 높은 분께 아뢸 때는 존칭을 사용하는 것이 자연스럽고 마땅한 일이기 때문이다. 동시에 대표 기도는 많은 사람이 쉽게 알아들을 수 있어야 하므로, 명료하고 쉬운 일상적 어휘와 표현을 사용하는 것이 바람직하다. 또 너무 긴 문장은 종종 그 의미가 불분명해지므로 가능한 한 삼가고, 그 대신 짧은 문장을 사용하는 것이 좋다.

대표 기도의 소요 시간 역시 간과할 수 없는 중요한 사항이다. 기도 시간은 너무 짧아도 안 되고 너무 길어도 좋지 않다. 특히 긴 기도는 여러 가지 바람직하지 않은 결과를 초래할 수 있으므로 더욱 조심해야 한다. 긴 기도를 할 경우, 기도가 사적인 내용으로 흐르기 쉽고, 더구나 자기 과시 수단으로 사용될 수 있기 때문에 한층 더 적법성에 저촉이 된다. 또 기도가 지루해져서 교우들로부터의 심령적 교감과 호응이 떨어질 수도 있다. 내 경우 양자택일의 상황에 직면한다면, 긴 기도보다는 차라리 짧은 기도를 택할 것이다. 하지만 기도가 너무 짧아서도 안 될 것이다. 딱 잘라서 정하기에는 다소 무리가 있지만, 어쨌든 3-4분 정도가 대표 기도를 하기에 적당한 시간이 아닐까 생각한다.

대표 기도의 내용

지금까지는 주로 대표 기도의 형식에 대해서 살펴보았다. 물론 기도의 형식도 중요하지만, 더 근본적인 중요성은 그 내용에 있다. 따라서 이제부터는 대표 기도의 바람직한 내용에 대해 살펴보고자 한다.

▽ 대표 기도, 개인 기도와 다르다

대표 기도의 내용을 구성할 때 우리는 두 가지 사항에 유념해야 한다. 첫째, 대표 기도가 개인 기도와 차이가 있다는 사실을 염두에 두어야 한다. 대표 기도는 일차적으로 공동체를 대표하여 드리는 것이기 때문에, 우리는 공동체에 대한, 그리고 공동체적 시각에 입각한 기도 내용을 아뢰어야 한다. 그렇다고 해서 대표 기도 가운데 개인적인 내용을 담아서는 안 된다는 말은 아니다. 그러나 그 개인적인 내용도 신앙 공동체 구성원 전체에게 공통적으로 해당되는 사항인 것이 좋다. 예를 들어, 자녀 양육의 문제나 신앙적 성숙에 대한 기도는, 개인적인 내용인 동시에 공동체 구성원들 모두에게 해당되는 사항이기 때문에 대표 기도 시에도 얼마든지 언급할 수 있는 내용이 된다.

둘째, 대표 기도가 드려지는 예배의 상황적 맥락을 잘 고려해야 한다. 예를 들어, 부활절 예배나 세례식, 신년 예배 등 특별한 계기에 드리는 예배의 경우에는 그 맥락에 합당한 내용으로 기도하는 것이 좋다. 물론 특별한 계기가 없을 때에는 다른 일반 예배 시와 하등의 차이 없이 대표 기도에 임하면 될 것이다.

▿ 대표 기도 내용: ACTS와 주기도문 활용하기

대표 기도의 내용을 구성하는 방법에는 여러 가지가 있다. 그중 세 가지 방안을 소개하고자 한다. 첫째 방식은 사도행전 ACTS of the Apostles의 영어 약자인 'ACTS'에 의거해 기도 내용을 전개하는 것이다. 'ACTS'에서 'A'는 'adoration', 즉 '사모와 찬양'을 말한다. 이는 하나님의 영화로우심과 완전성, 창조주와 구세주로서의 능력에 대해서 찬양하는 것이다. 대체로 한국의 그리스도인들은 기도의 이런 요소—하나님을 사모하고 숭앙하는 일—에 대해 익숙하지 않고, 이런 내용을 표현하는 일에는 더욱 어색해한다. 이러한 피상적 지식과 낯선 느낌을 극복하는 한 가지 길로서 시편 암송**시 27, 47, 95, 100, 136, 145편 등**을 권유한다. 시편을 반복해 읽고 뜻을 되새기노라면, 하나님을 사모하는 마음과 그에 대한 표현 방식이 기도 가운데 자연스레 형성될 것이다.

'C'는 'confession', 즉 '고백과 사죄'를 말한다. 이는 하나님보다 다른 것들을 더 사랑하고 귀하게 여기며 좇았던 일, 하나님의 원하심에 무관심한 채 자기 욕심만을 추구한 일, 또 인생의 대소사에서 하나님의 뜻에 맞지 않게 살았던 일 등을 회개하는 것이다.

그리고 'T'는 'thanksgiving', 즉 '감사와 고마움의 표시'를 말한다. 이는 하나님께서 우리를 구원하여 하나님의 식구와 백성이 되게 하신 것, 만물을 창조하고 섭리하시는 가운데 비와 해 등 각종 좋은 것을 풍요롭게 베푸시는 것, 우리의 기도를 들어주시는 것 등에 감사하는 일이다.

'S'는 'supplication', 즉 '간구와 탄원'을 말한다. 여기에는 세계에 대해서, 우리나라에 대해서, 한국 교회에 대해서, 또 자신이 속한 교회에 대해서 간구하는 일이 포함된다. 이때 너무 사적이고 개인적인 간구 내용은 배제하는 것이 좋다. 왜냐하면 간구라고 하여도 대표 기도에서는 공동체 구성원 전체와 연관된 기도 제목을 염두에 두어야 하기 때문이다. 이렇게 기도의 네 요소에 의거해 내용을 구성하는 것이 대표 기도에서 가장 많이 사용되는 자연스러운 방식이다.

대표 기도의 내용을 구성하는 두 번째 방식으로, 주기도문의 구조를 활용하는 것 또한 추천할 만하다. 주기도문은 크게 하나님에 대한 기도 내용과 인간에 대한 기도 내용으로 구성되어 있다. 하나님에 대한 부분에는 그의 이름이 영화롭게 되는 것, 그의 나라가 임하는 것, 그리고 그의 뜻이 이루어지는 것에 대한 내용이 나와 있다. 하나님을 찬양하고 높이는 것, 하나님의 통치와 뜻을 받드는 것 등이 이 부분과 연관될 수 있을 것이다. 인간, 즉 우리에 관한 부분에는 우리의 생계, 인간관계, 그리고 시험과 죄에 대한 내용이 나와 있다. 이 부분은 우리가 신앙 현실에서 직면하는 여러 문제와 연관 지을 수 있을 것이다. 이렇게 주기도문의 구조를 골격으로 활용하는 것도 대표 기도의 내용을 구성하는 데 큰 도움이 된다.

∇ 대표 기도 내용: 시편 67편으로부터 도움 받기

세 번째로, 대표 기도의 내용 구성에 활용될 수 있는 또 한 가지 방식은 시편 가운데 어느 한 편 내용을 참조하는 것이다. 적합한 대상이 여럿이지만, 기도의 내용을 세 가지 범주로 나누어 준다는 점에서 시편 67편을 골랐다. 시편 67편은 1-2절, 3-5절, 그리고 6-7절, 이렇게 세 부분으로 나뉜다. 첫째 부분인 1-2절에서 시편 기자는 하나님과 우리의 관계에 대해 기도하고 있다. 1절에서 그는 "하나님은 우리에게 은혜를 베푸사 복을 주시고 그의 얼굴 빛을 우리에게 비추사"라고 기도함으로써 언약 가운데 하나님과의 온당한 관계가 유지되었으면 하는 소망을 내비친다. 여기서 "은혜", "복", "얼굴 빛" 등의 단어는 그 표현 형태가 다르기는 하지만 모두 동일하게 '하나님의 호의'를 나타내고 있다. 2절에서 기자의 이러한 바람은 더욱 확대되어 나타난다. 그는 "주의 도를 땅 위에, 주의 구원을 모든 나라에게 알리소서!"라고 기도함으로써, 하나님과 하나님 백성 사이의 친밀한 관계가 이방 백성에게 알려지기를 바라고 있다.

그다음의 3-5절에는 2절의 기도가 궁극적으로 이루어져야 할 바에 대한 간구 내용이 나타난다. 그것은 모든 민족이 이스라엘 백성들과 하나님 사이의 관계를 부러워할 뿐 아니라 그들이 하나님 앞에 나아오기를 바라는 것이다. 이는 4절에 잘 표현되어 있는데, 시편 기자는 이 말씀에서 민족들은 하나님께 찬양을 드림으로써, 하나님은 그들을 공평으로 치리하심으로써 쌍방의 교류 가운데 깊은 관계가 확립되기를 소원하고 있다. 3절과 5절에는 민족들이 주를 찬송하게 되기를 소원하는 마음이 강조되어 있다. 시편 기자는 궁극적으로 모든 민족이 주의 통치 아래로 들어오기를 열망하는 것이다.

마지막 부분인 6-7절에서는 이 기도를 통해 받은 복의 결과를 설명하고 있다. 6절에서 시편 기자는 "땅이 그의 소산을 내어 주었다"라고 말하고 있는데, 여기서 '땅'은 이스라엘 백성이 여호수아 밑에서 차지했던 언약의 땅을 의미한다. 6절의 내용으로 미루어 보건대, 복을 달라고 간원한 1절의 기도가 응답받았음을 알 수 있다. 7절 역시 이러한 기도에 대한 응답의 결과임을 보여 주고 있다. 여기서 시편 기자는 하나님이 이스라엘 백성에게 복 주신 것이 얼마나 특출한지를 통해 모든 민족과 땅의 모든 끝이 하나님을 경외하게 되기를 대망하고 있다.

시편 67편 말씀에서 우리는 기도 내용의 세 가지 범주를 발견하게 된다. 즉, 하나님, 우리, 세상(나라, 민족, 땅 끝)에 관한 내용이 바로 그것이다. 우리는 대표 기도를 할 때, 이러한 기도 내용을 세부 사항에까지 그대로 응용할 수도 있고, 아니면 일반적인 기도 내용을 대략 세 가지 범주로 구분하여 기도할 수도 있을 것이다.

첫째, 하나님에 대한 범주의 기도에서는 하나님의 하나님 되심을 높이고 그가 베푸신 은택을 되새기는 것, 또 하나님과 우리의 관계에서 필요한 것을 간구하는 내용의 기도를 할 수 있을 것이다. 둘째, 우리에 대한 범주의 기도에서는 한국 교회 전체(좁게는 자기가 속한 교회 공동체)를 놓고 하나님께 기도할 수 있을 것이다. 우리에 관한 기도의 내용을 구성할 때, 앞서 말한 ACTS의 네 요소 중 CTS(회개, 감사, 간구)를 활용하는 것도 좋은 방법이다. 셋째, 세상의 범주에 대한 기도에서는 우리를 통해서 세상이 영향을 받고, 궁극적으로 세상이 하나님 통치 아래에 놓일 수 있도록 기도할 수 있을 것이다. 이와 같이 하나님, 우리, 세상이라는 세 가지 범주에 의거해서 대표 기도의 내용을 구성하면, 기도의 짜임새가 치밀해지기도 하고 대표 기도의 내용 또한 알차게 될 것이다.

대표 기도와 예배

지금까지 우리는 대표 기도의 형식상 면모와 내용 구성에 대해서 여러 가지로 알아보았다. 이제 영과 진리로 드리는 참된 예배의 정신에 입각해서 몇 가지 사항을 밝히고자 한다.

∇ 대표 기도자와 예배 정신

그중 한 가지는 대표 기도자의 태도에 대한 것이다. 대표 기도자는 기도할 때 형식을 갖추는 것도 중요하지만 하나님에 대한 '진실한 마음'이 더 중요하다는 것을 명심해야 한다. 이것은 대표 기도가 단지 사람들에게 보이기 위한 것이 아니기 때문에 더욱 그렇다. 대표 기도자는 지켜야 할 형식을 갖추면서도 항상 하나님과의 대면성을 의식해야 한다. 이것이 영과 진리로 드리는 예배에 걸맞은 대표 기도자의 내면적 자세이다.

또 한 가지 짚고 넘어가야 할 점은, 대표 기도를 처음 할 때 느끼게 되는 어색함에 대한 것이다. 앞에서 말한 여러 사항을 고려하면서 기도를 준비해도, 기도가 계획대로 부드럽게 진행되는 경우는 흔하지 않다. 대표 기도를 처음 할 때면 자신이 무엇을 기도해야 할지 막막해지는 경험을 흔히 하게 된다. 기도 전에 많은 준비를 하고 섰는데도 그렇다. 그러나 이런 어려움은 시행착오를 통해서 점진적으로 극복해 나가야 할 문제이다. 또 반복과 훈련을 통해서 얼마든지 개선될 수 있다.

∇ 일반 교우들과 예배 정신

그러나 대표 기도가 공동체적 예배에 올바로 기여하려면, 순서 담당자의 내면적 노력만으로는 충분하지 않다. 대표 기도를 들으며 예배에 참여하는 다른 교우들의 마음 자세 또한 매우 중요하다. 대표 기도를 주도하는 입장이 아닌 경우, 자칫 잘못하면 방관·잡념·비판 위주로 대표 기도에 반응하기가 쉽다. 만일 이러한 태도가 교우들의 심령을 지배한다면, 대표 기도자가 아무리 하나님 앞에 참되이 기도한다고 해도 그 예배는 하나님을 기쁘시게 하지 못할 것이다. 따라서 대표 기도를 주도하지 않는 나머지 교우들도 마치 자기 자신이 그 기도를 아뢰는 것과 같은 심령으로, 마음을 하나님께 온전히 집중하고 영과 진리의 예배 자세를 늦추지 말아야 한다. 대표 기도자나 나머지 교우들이나 할 것 없이 모두의 심령이 하나가 되어 한결같이 하나님께 쏠려 있을 때, 공동체의 예배는 대표 기도를 통해 하나님께 온전하고 풍성하게 드려질 것이다.

요한계시록 8장 3-4절을 보면 향연香煙이 하나님 앞으로 올라간다고 되어 있다. 구약 시대에는 하나님께서 짐승의 향기를 흠향하셨지만**창 8:20-21; 출 29:18; 레 1:9**, 신약 시대에는 성도들의 기도가 이 향기 노릇을 한다. 우리는 대표 기도를 통해서도 우리의 마음이 하나님께 흠향될 수 있다는 놀라운 사실을 알게 된다. 대표 기도자의 역할은 예배하는 자를 찾으시는 하나님께 모든 성도의 마음을 영과 진리 가운데 묶어서 향기로운 제물로 올려 드리는 것이다. 물론 대표 기도자의 역할을 과대평가할 필요도 없지만, 동시에 그 역할을 가볍게 취급할 수도 없다. 우리는 온 공동체가 드리는 대표 기도의 향기를 통해서 영과 진리로 예배하는 자를 찾으시는 하나님 앞에 나아갈 수 있다.

모든 성도는 모든 예배 순서에 영과 진리로 임해야 하지만, 특별히 대표 기도자는 자신이 준비한 기도를 통해 모든 성도의 마음이 하나님께 올려진다는 사실을 인식해야 한다. 그리하여 영과 진리의 예배 정신으로써 성도들을 대표할 수 있도록 책임성 있게 기도를 준비하고 또 드려야 할 것이다.

4

찬송

시와 찬송과 신령한 노래

에베소서 5:19

시와 찬송과 신령한 노래들로 서로 화답하며 너희의 마음으로 주께 노래하며 찬송하며

'찬송praise'은 하나님을 사모하고 높이고 기리는 마음 자세 및 그런 마음의 표현이다. 찬송을 이렇게 묘사한다면, 찬송이 적절히 드려지는 합당한 자리로서의 공예배를 그 누구도 도외시할 수 없을 것이다. 구약에서도 솔로몬 당시 성전을 봉헌하는 예식에서 제사장들과 레위인들은 여러 가지 악기를 대동한 가운데 "선하시도다. 그의 자비하심이 영원히 있도다!" 하고 여호와를 찬송하였다대하 5:13. 그런데 이러한 마음 자세를 표현하려면 다양한 외적 방편이 요구되는데, 대개 세 가지 항목이 거론된다. 첫째, 찬양의 마음을 말로in words 표현할 수 있다. 이것은 시편 가운데 하나님을 높이는 시들95, 96, 98, 150편 등에서 예시되는 바이기도 하고, 하나님에 대한 사모adoration의 마음을 부각시킴계 4:11, 5:12으로도 가능하다.

둘째, 음성과 곡조로in voice and tune 찬양의 마음을 표현할 수 있다시 81:1, 95:1; 사 12:6; 습 3:14; 슥 2:10; 엡 5:19; 골 3:16. 이것은 또 각종 악기를 연주함으로도대하 5:12-13; 느 12:27; 시 81:2, 150:3-5 이루어질 수 있다. 오늘날 우리가 예배 시간에 악기(주로 피아노나 오르간) 반주에 맞추어 찬송가를 부르는 것 역시 이 방식의 전형적인 예이다.

셋째, 우리의 동작in action으로도 표현할 수 있다. 주로 구약에 많이 나타나는데, 손을 높이 든다든지느 8:6; 시 134:2, 손바닥을 친다든지시 47:1, 춤을 춘다든지출 15:20; 삼하 6:14; 시 149:3, 150:4 하는 것이 그 몇 가지 예이다.

이상에서 소개한 내용 전체가 '찬송'에 대한 넓은 개념이라면, 좁은 개념은 위에서 언급한 두 번째 표현 방식과 연관이 있다. 즉, 하나님을 높이고 사모하는 내면의 자세를 음성, 가사, 음률로써 표현하는 것이 바로 좁은 의미의 찬송이다. 4장에서는 '좁은 의미의 찬송'에 대해 알아보고자 한다.

음악을 통한 찬송, 왜 필요한가?

그러면 왜 예배 시에 좁은 의미의 찬송, 곧 음악으로 표현하는 찬송 방식이 필요할까? 네 가지 이유를 제시할 수 있다. 첫째, 무엇보다도 성경의 명령과 모범 때문에 음악을 통한 찬송이 필요하다. 성경은 노래로 찬양의 마음을 표현하라고 명하기도 하고대상 16:9; 시 33:3; 엡 5:19; 골 3:16, 각종 악기를 연주함으로써 표현하라고도 명한다시 33:2, 150:3-5. 또 성경에는 노래로써출 15:1; 대하 29:30, 악기와 더불어출 15:20-21; 대하 7:6 하나님을 찬송한 예가 나온다. 이렇듯 성경이 좁은 의미의 찬송을 명하고 모범 또한 보여 주고 있기 때문에, 우리는 음악이 동반된 찬송을 실행하는 것이다.

둘째, 찬송가는 곡조 달린 기도로서 기도의 중요한 양식樣式이 되기 때문이다. 견실하고 훌륭한 찬송가일수록 성경의 핵심적 가르침을 가사로 하고 있기 때문에 찬송가를 부르는 이의 마음이 성경의 교훈에 깊이 잠기도록 돕고 동시에 교훈을 주시는 하나님 아버지께 향하도록 자극한다.[1] 구체적인 예로서 다음에 나오는 찬송가 가사를 음미해 보도록 하자.

<만세 반석 열리니>[2]

내가 공을 세우나 은혜 갚지 못하네

쉼이 없이 힘쓰고 눈물 근심 많으나

구속 못할 죄인을 예수 홀로 속하네 **494장 2절**

Not the labour of my hands, Can fulfill Thy law's demands;

Could my zeal no respite know, Could my tears forever flow,

All for sin could not atone; Thou must save, and Thou alone.

<네 맘과 정성을 다하여서>[3]

네 맘과 정성을 다하여서 주 너의 하나님을 사랑하라

네 몸을 아끼고 사랑하듯 형제와 이웃을 사랑하라

주께서 우리게 명하시니 그 명령 따라서 살아가리 **218장 1절**

처음 소개한 찬송가의 가사는 이신칭의의 복음 진리를 너무나 생생히 반영하고 있다. 영어 가사를 보면 그 의미가 더욱 확실해진다. 두 번째 곡은 그리스도인의 생활 원리를 하나님 사랑과 이웃 사랑 **마 22:37-40**으로 담아내고 있다. 두 찬송가의 가사가 보여 주듯이 찬송가는 알찬 내용의 기도가 될 수 있다.

셋째, 찬송가는 음악이라는 예술적 기능을 통해 예배자의 심령이 하나님을 올려다보도록 만드는 데 지대한 공헌을 하기 때문이다. 하나님을 예배하는 데에 하나님에 대한 지식knowledge of God이 핵심이라는 것은 '영과 진리'라는 예배 정신을 거듭 강조함으로써 이미 밝혔다. 그런데 하나님 지식—하나님을 앎—도 지식의 일종인지라 본질상 인지적 성격이 중요하지만, 동시에 그러한 측면을 보완하는 비非인지적 요소extracognitive element 또한 무시할 수 없다. 바로 이러한 비인지적 요소를 어떤 이는 신앙적 정서religious affection와 연관시키는데, 하나님을 아는 데도 이런 정서가 중요한 부분을 차지한다는 것이다. 예를 들어, 우리는 찬송가를 부르면서 주님의 사랑에 감복한다. 하나님의 사랑에 관한 우리의 지식이 신앙적 정서로 말미암아 생생함vividness과 감명성memorability을 부여받기 때문이다.[4] 음악은 이처럼 신앙적 정서의 형성·촉발·전달에 필수불가결한 역할을 하므로 예배에서도 도외시할 수 없는 것이다.

넷째, 하나님에 대한 찬송은 우리에게 허락된 모든 수단을 총동원하여 표현하는 것이 마땅하므로 음악적 수단의 활용 역시 바람직한 일이 된다. 우리는 어떤 대상에게 진실한 마음을 표시하고자 할 때 가능한 한 모든 수단을 다 동원한다. 일례로, 한 남성이 여성에 대한 사랑을 표현하고자 할 때 그는 말, 글, 상징, 행동 등 모든 수단을 남김없이 활용한다. 또 어떤 왕의

등극을 축하하는 행사라면 말, 글, 음악, 행동 등 모든 수단을 동원하는 데 주저하지 않을 것이다. 하물며 하나님 아버지를 높이고 예배하는 일에 있어서겠는가? 가능하면 모든 수단, 즉 말, 글, 음악, 행동 등을 동원하여 하나님을 찬송하는 것이 자연스럽고 마땅한 일이 아니겠는가? 그렇다면 그런 노력 가운데에는 음악적 수단을 통한 찬송 역시 빠질 수 없는 것이다.[5]

찬송 내용과 악기 사용: 반대와 답변

모든 그리스도인이 예배 시 음악적 수단의 활용을 당위적으로 받아들이겠다 싶지만, 실상은 그렇지 않다. 교회의 과거와 현재를 둘러보면, 비록 다수가 아닐지는 모르지만 예배에서의 찬송 내용이나 악기 사용과 관련하여 반대 의견을 표명한 그리스도인들이 있어 왔다. 여기서는 먼저 그들이 제기한 반대 의견의 근거를 설명한 다음, 연이어 그에 대한 답변을 시도하고자 한다. 그런데 교회에서의 예배 음악에 이견을 나타내는 이들은 다시금 두 종류로 나뉜다.

▽ 시편 찬양 고수자 psalmody-exclusivists

'시편 찬양 고수자'의 입장은, 예배 시의 찬송은 오직 시편만이 합당하고 거기에 곡을 붙인 것만을 찬송으로 사용해야 한다는 것이다. 따라서 이 입장을 견지하는 이들은 예배에 다른 찬송가hymns를 도입하는 일을 반대한다. 그들이 이런 주장을 내세우는 근거는 무엇일까? 그들의 답변은 간단하다. 구약을 보면 시편만이 찬송에 사용되었다는 것이다.[6]

> **대하 29:30** 히스기야 왕이 귀인들과 더불어 레위 사람을 명령하여 다윗과 선견자 아삽의 **시**로 여호와를 찬송하게 하매 그들이 즐거움으로 찬송하고 몸을 굽혀 예배하니라.
>
> **시 95:2** 우리가 감사함으로 그 앞에 나아가며 **시**를 지어 즐거이 그를 노래하자.

그러나 시편 찬양 고수자들의 답변은 궁색하기 짝이 없다. 세 가지 측면에서 그러하다. 첫째, '시'**대하 29:30; 시 95:2**는 우리가 알고 있는 성경의 '시편'만을 언급한 것이 아니고, 좀 더 넓은 개념으로서 여타의 신앙적 시가詩歌나 곡들**출 15:1-18; 민 21:17-18; 신 32:1-43; 삿 5:2-31**도 포함한다.[7]

둘째, 찬송을 구약의 시편에만 한정시켜야 한다면 같은 논리에 따라 기도도 구약에 나온 기도문만 사용해 드려야 하고, 설교도 구약에 나온 내용만을 그대로 전달해야 할 것이다. 심지어 구약의 시편에는 예수 그리스도에 관한 직접적 언급이 없기 때문에, 그들의 논리대로라면 예수 그리스도에 관한 찬송가를 부를 수 없다는 뜻이 된다. 이러한 시도와 해석이 비합리적이라면, 찬송가를 구약의 시편에만 한정시키려는 것도 비합리적일 것이다.

셋째, 신약에서는 찬송가의 선택을 폭넓게 시사하고 있기 때문에 시편 찬양 고수론에 동의할 수 없다. 에베소서 5장 19절을 보면, 찬송가의 소재를 세 종류—시psalms, 찬송hymns, 신령한 노래들spiritual songs—로 언급하고 있다. 처음 항목인 '시'는 구약 시대 악기와 더불어 불렸던 시편들이고, 둘째로 등장하는 '찬송'은 하나님을 찬양하고 높이는 내용의 노래이며, 마지막에 나타나는 '신령한 노래'는 성령의 감동을 받은 이들이 마음으로부터 자연스럽게 표출하는 노래를 가리킨다.[8] 따라서 찬송가를 꼭 첫 항목에만 국한할 수 없으므로 시편 찬양 고수론은 맞지 않는다.

물론 구약의 회당에서나 종교개혁 당시 칼뱅을 비롯한 개혁자들이 시편의 찬양에 몰두했던 것을 알고 있고, 또 그런 전통이 아름답다고도 생각한다. 그러나 역사가 흐르는 가운데, 꼭 시편에 기초하지 않으면서도 내용상 매우 훌륭한 곡들이 많이 작곡되고 불렸다. 따라서 시편만을 찬송가로 사용해야 한다는 배타적 주장은 지나치다고밖에 할 수 없다.

▿ 무악기파 voice-exclusivists

'무악기파無樂器派'는 구약과는 달리 신약 시대의 찬송은 악기를 배제해야 한다고 주장하는 이들로서, 성가대와 지휘자 및 악기 연주자(반주자 포함)의 등장을 반대한다. 다시 말해서, 예배 시의 찬양은 악기 반주 없이 음성으로만, 즉 아카펠라a capella로 이루어져야 한다는 입장이다.

무악기파에는 두 갈래가 있는데, 하나는 시편 찬양 고수자들이다. 그들은 주로 종교개혁 당시의 개혁파 신자들로서 예배 시 시편만을 찬송했을 뿐 아니라 목소리 외의 음악적 수단 또한 거부했다. (심지어는 가사의 내용보다 화음에 마음이 끌릴까 하여 시편을 한 음으로만in unison 찬송하도록 했다.[9]) 기독교에서 예배 음악과 관련해 가장 오래된 악기는 오르간인데, 666년에 교황 비탈리아누스Vitalian가 도입한 것으로 알려져 있다. 그러나 종교개혁자들은 루터든 칼뱅이든 오르간은 말할 것도 없고 다른 모든 악기 사용을 금했다.[10]

무악기파의 또 다른 갈래는 시편 찬양만 고집하지는 않는 이들이다. 20세기 초 미국에서는 '그리스도의 교회Churches of Christ'라는 그룹이 독립된 교파로 모습을 드러냈는데, 이들은 교회에 대한 신약의 가르침을 회복함으로써 교회개혁을 시도한 19세기 회복운동Restoration Movement의 한 분파였다.[11] 이들에 의하면, 신약에서는 예배 시의 찬송이 악기 없이 드려졌기 때문에 오늘날의 예배도 그래야 한다는 것이었다. 바로 이러한 확신을 강조하는 바람에 그들은 무악기파로 불리게 되었다. 그렇지만 예배 시의 찬송을 시편으로만 국한하지는 않았다.[12]

무악기파의 주장의 근거는 무엇인가? 그들의 답변 역시 간단하다. 즉, 신약 시대에 와서는 구약 시대처럼 성전 예배를 드리지 않기 때문에, 예전에 등장하던 각종 악기와 연주자들은 오늘날의 예배 의식에서 배제해야 한다는 것이다. 이 주장에 대해서는 두 가지 반박이 가능하다. 첫째, 구약식의 성전이 없어졌다고 해서 성전 예배에 관계된 모든 사항을 무차별적으로 배제해야 하는 것은 아니다.[13] 왜냐하면 성전은 희생 제물을 드리는 것 외에 기도를 하거나**왕상 8:28-53; 마 21:13**, 하나님의 말씀을 가르치는**눅 2:46** 장소이기도 했기 때문이다. 또 목소리 및 악기에 의한 찬양 역시 성전에서 이루어졌다. 그렇다면 제사장 제도, 제물, 제사 방식 등이야 그리스도의 속죄 사역과 긴밀하게 연관되었으니 결코 재현되어서는 안 되겠지만, 악기 사용까지도 그리스도의 속죄와 연관된 범주에 넣을 필요는 없을 것이다.

둘째, 신약에서 악기 사용을 명시적으로 금하지 않는 한, 합법적인 활동으로 받아들일 수 있을 것이다. 물론 이런 식의 추론—침묵으로부터의 논증argument from silence—이 항상 타당한 것은 아니다. 그러나 찬송 시 악기를 포함한 음악적 수단의 활용에 당위성이 제시된 경우(앞서 제시한 내용 "음악을 통한 찬송, 왜 필요한가?" 중 셋째 및 넷째 이유 참조)에는, 위의 추론을 타당한 것으로 인정할 수 있을 것이다. 사실 초대교회는 가정에서 소수의 인원이 모여 예배를 드렸기 때문에 찬송과 관련하여 모든 음악적 수단을 동원할 처지가 되지 못했을 것이다. 그러나 그 후 교회당의 크기와 규모가 크게 확장되고 나서는 예배 시의 음악 사용에서도 좀 더 다양한 수단을 채택하는 일이 가능하게 되었다. 이것은 오늘날 한국 교회의 경우에도 마찬가지라고 할 수 있다. 따라서 비록 신약의 교훈 가운데 악기 사용에 관한 지지 발언이 없다 하더라도, 오늘날 우리로서는 악기 사용을 얼마든지 긍정적으로 평가할 수 있는 것이다.

한국 교회와 음악

이제 예배 때 음악을 사용하는 문제와 관련하여 두 가지 사항을 고찰하고자 한다. 이 사안들은 예배 시 음악의 사용과 직·간접으로 연관이 되기 때문에 반드시 짚고 넘어가지 않을 수 없다.

▿ 문제 1. 현재의 성가대, 뭔가 개혁이 필요하다

한국 교회를 잘 아는 사람들 가운데 일부는 현행의 성가대 활동과 관련하여 종종 비판적 견해를 감추지 않는다. 그들의 지적은 상호 연관된 것으로서 보통 네 가지로 정리할 수 있다.

첫째, 성가대(와 부속 연주자들)가 일반 합창단이나 오케스트라의 모습을 과도할 정도로 닮아 간다는 것이다. 이것은 외양은 화려하고 번듯하나 신앙적 실속과 내면의 경건은 퇴색하는 데 대한 안타까움의 표시이다. 음악적 전문성이 상당히 중요하기는 하지만, 구성원의 신앙적 자질보다 이것을 앞세울 때 음악 사역의 세속화는 필연적으로 찾아오게 마련이다. 이러한 비극적 경향은 교인의 수적 규모가 크고 예배당 건물이 큰 교회일수록 더욱 심각히 부각되는 듯하다.

둘째, 음악 사역에 참여하는 성가대원들과 그에 속한 연주자들의 신앙 자태가 일반 교우들 보기에 바람직하지 않다는 것이다. 예배 도중에 킥킥대거나 설교 시간에 상습적으로 조는 모습을 보일 때, 교우들은 실망하게 마련이다. 또 예배 이후의 일상적 삶과 인간관계에서 최소한의 모범거리조차 찾을 수 없다면, 음악 관계 사역자들을 표리부동한 사람이나 위선자로 분류할 것은 뻔한 이치이다. 이런 이들이 예배의 음악 순서를 담당하고 있는데, 어찌 교우들이 찬송과 음악을 통해 하나님을 영과 진리로 예배할 수 있겠는가.

셋째, 교회의 예산이 음악 사역 관련자들에게 너무 많이 할당되어 있다는 것이다. 성가대의 회식이나 자체적 야유회, 친교 모임 등으로 인한 경비 소요가 적지 않고, 또 그런 일들을 모두 교회 예산으로 충당하기 때문에 일반 교우들은 부당하다는 생각을 하게 된다.

넷째, 한국 교회는 음악 관련 사역자들에게 사례비를 지급하는 일을 정례화했기 때문에 봉사의 정신을 퇴화시켰다는 것이다. 모든 교회가 다 그런 것은 아니지만, 어쨌든 성가대 반주자, 지휘자, 특별순서 담당자 등에게 소정의 사례비를 지급하는 것이 상례로 되어 있다. 재능이 뛰어나면 지급해야 할 액수도 크고, 심지어 교회끼리 스카우트 경쟁을 벌이기도 한다. 이리하여 음악 전문가들은 자신의 재능을 통해 하나님과 사람을 값없이 섬기는 아름답고 순수한 기회를 빼앗기고 말았다.

이러한 비판적 시각과 항의에 대해서 우리는 어떻게 반응해야 할까? 세 가지 사항을 언급하고자 한다. 첫째, 매우 급진적이기는 하지만, 아예 성가대를 폐지하고 예배 순서에 '회중 찬송congregational singing'을 도입하는 길이 있다. 회중 찬송은 교우들 전체가 특정한 곡들을 함께 찬송하는 일이다. 어떤 이들은 한국 교회가 주일 예배 시에 통상 2-3곡의 찬송가를 불러왔기 때문에 이미 회중 찬송을 시행하고 있는 것이 아니냐고 반문할지도 모르겠다. 그러나 여기서 제안하는 회중 찬송은 몇 가지 면에서 전통적인 찬양 방식과 구별이 된다. 우선, 성가대를 따로 구성하지 않는다는 점이 가장 두드러진 차이이다. 주일 예배에서 찬송의 주도권을 일부 교우들(성가대 및 반주자)에게 위임하지 않고 회중 전체가 맡는다는 뜻이다. 또, 찬송 부르는 일 자체를 예배의 독자적 순서로 받아들인다는 점 역시 특징적이라고 할 수 있다. 종래의 예배 전통에서는 찬송 부르기를 은연중에 다른 예배 순서의 부속적 요소로 여겨 온 것이 사실이다. 예를 들어, 예배 시작을 알린다든지, 설교의 교훈을 되새긴다든지, 헌금의 의미를 밝힌다든지 하는 것으로 말이다. 그러나 지금 설명하는 회중 찬송은 하나님을 예배하는 데에 말씀의 선포, 기도, 헌금 등 다른 예배 순서와 동등한 수단이 된다는 것을 강조한다. 물론 이렇게 하려면 지금보다 찬송하는 곡의 수효를 한두 개 더 늘려야 할지 모르지만, 어쨌든 교우들 전체가 찬송에 참여함으로써 하나님을 예배한다는 것이 핵심 개념이다.[14]

둘째, 성가대를 존속시키되 음악 사역에 참여하는 이들을 선발하는 과정에서 신앙적 자질을 꼼꼼히 챙기는 것이다. 단지 구성원의 음악적 재능과 관록만을 선발 조건으로 삼지 말고, 신앙의 전반적 면모—신앙 출발의 계기, 하나님과의 친밀한 교제, 참 예배에 대한 열망, 음악 사역의 목적 이해 등—도 중요한 점검 사항으로 삼아야 한다는 것이다.

이 대목에서 음악 사역자들의 사례 문제를 조심스레 거론하고자 한다. 논의의 적실성을 위해 음악 사역자를 두 가지 범주로 나누어 보자. 하나는 교회 음악이나 기독교 음악을 전공하고 교회 전반의 음악 사역을 담당하는 전문 사역자들이다. 이 범주에 속하는 이들에게는 여타 목회자들의 경우와 같이 정기적인 사례비를 지급하는 것이 마땅하다고 생각한다. 그러나 교회에는 또 다른 범주의 음악 사역자들이 있다. 이들은 성가대 지휘자, 반주자, 악기 연주자, 특별순서 담당자 등으로서,

자신의 음악적 재능을 통하여 교회가 부과한 책임을 다하는 봉사자들이다. 이들의 사례비 문제는 개인의 역량, 교회의 규모(예산 및 교세), 교회의 관습/전통 등에 따라 달라지기 때문에 가타부타를 확정적으로 말하기가 어렵다. 그러나 내 견해를 묻는다면, 둘째 범주에 속한 이들의 경우에 자발적 봉사, 곧 무보수의 원칙을 수립하는 것이 바람직하다고 생각한다. 교회의 다른 부서에도 희생적으로 봉사하는 이들이 적지 않은데, 유독 음악 사역자들에게만 사례를 하는 것은 형평성 면에서도 맞지 않기 때문이다. 물론 그들의 재능과 수고에 대한 인정과 감사는 여러 방면에 걸쳐—말을 통해, 작은 선물을 통해—수시로 있어야 할 것이다.

셋째, 성가대를 포함한 음악 사역자들에게 그들만의 소그룹 활동을 갖도록 독려하고 자리를 마련해 주는 것 또한 고려해 볼 만하다. 일반 교우들이 참석하는 교구 모임이나 구역 모임 대신, 음악 사역자들끼리의 소그룹을 구성하고 그 가운데서 영적 성숙을 꾀하도록 하는 것이다. 이런 소그룹은 전체 성가대 모임 전에 몇 개로 나누어서 모일 수도 있고, 아니면 아예 음악 연습과는 별도로 모일 수도 있다. 큐티 나눔(또는 성경 공부), 서로를 위한 기도, 사역 점검(음악 사역을 통한 예배 정신의 앙양) 등을 주요 프로그램으로 삼으면 될 것이다. 만일 시간 관계상 소그룹의 항시적 활동이 어려우면, 1기당 7-8주의 프로그램을 마련하고 1년에 2기 정도 모이는 방안도 생각할 수 있다.

▿ 문제 2. 현재의 찬송곡들, 재고의 여지가 있다

찬송가

오늘날 우리가 예배에서 사용하는 찬송가[15]의 상당수는 외국 것—서양 그리스도인이 작곡·작사했든지 아니면 그 기원이 서양이든지—이다. 찬송가에 수록된 645곡 중에서 117곡만이 한국인의 작품이니까, 서양 찬송가가 거의 82퍼센트에 육박하는 셈이다. 이것은 신앙의 토착화라는 관점에서 볼 때 시정이 요구되는 사안이며, 계속해서 한국인에 의한 찬송가 창작이 있어야 함을 단적으로 예시하는 증거라 할 수 있다.

물론 서양인들이 만든 찬송가 가운데 상당히 많은 곡이 우리에게 친숙해졌고, 또 예배 때 그런 곡을 노래하면서도 우리 편에서 거의 아무런 불편도 느끼지 않는 것이 사실이다. 그러나 외국인의 작품으로 찬양할 때 가장 큰 문제는 가사의 의미 전달이 명확하지 않다는 점이다. 잘 알다시피 찬송가 가사는 박자와 리듬을 고려해야 하기 때문에, 번역 과정에서 어휘 선택이 자유롭지 못하다. 따라서 외국 곡들의 경우, 원래의 가사가 지닌 섬세하고 미묘한 의미가 무시된 채 희미한 내용으로 불리고 있다. 이것은 우리의 신앙 인식과 종교적 정서를 무디게 만들고, 하나님을 영과 진리로 예배하는 데 방해가 된다. 찬송가 60장(〈영혼의 햇빛 예수님〉), 305장(〈나 같은 죄인 살리신〉), 484장(〈내 맘의 주여 소망 되소서〉), 494장(〈만세 반석 열리니〉) 등의 한글 가사를 영어 가사와 비교해 보면, 이 말의 의미를 분명히 알 수 있다. 이제 구체적으로 찬송가 484장의 경우를 살펴보자.

<내 맘의 주여 소망 되소서>

내 맘의 주여 소망 되소서
주 없이 모든 일 헛되어라
밤에나 낮에나 주님 생각
잘 때나 깰 때 함께하소서 **484장 1절**

Be Thou my Vision, O Lord of my heart;
Naught be all else to me, save that Thou art.
Thou my best Thought, by day or by night,
Waking or sleeping, Thy presence my light.

영어 가사에 좀 더 충실하게 번역하면 다음과 같다.

내 마음의 주시여, 나의 비전(보는 것)이 되소서!
당신 자신이 아니면 그 무엇도 내게는 헛될 뿐입니다.
낮이든 밤이든 당신은 나의 가장 좋은 생각이시고
깨어 있든 잠들 때든 당신의 임재가 나의 빛이 됩니다.

가사의 의미 전달 문제는 한국 그리스도인이 지은 찬송가를 부를 때 너무나 자연스럽게 해결된다. 우리가 애창하는 찬송가 323장(〈부름 받아 나선 이 몸〉), 515장(〈눈을 들어 하늘 보라〉), 527장(〈어서 돌아오오〉), 559장(〈사철에 봄바람 불어 잇고〉) 등을 생각해 보라. 그야말로 가사가 우리 마음에 척척 와 닿는 느낌 아닌가?!

앞으로 한국 그리스도인들에 의한 찬송가 창작이 많아야 함은 물론이거니와, 특히 하나님을 사모하고 높이는 내용의 찬송가가 필요하다. 내 경우 찬송가를 대개 두 가지 타입으로 나눈다. 하나는 '대신곡對神曲'으로서 하나님을 찬양하고 높이고 경배하기 위한 찬송이다. 주로 찬송가 앞부분에 수록되어 있다. 다른 하나는 '대인곡對人曲'으로서 하나님 면전을 의식하되 찬송가의 일차적 초점은 신자(때로는 불신자)에 맞추어져 있다. 주로 신앙 간증이나 권유가 핵심 주제이다. 그런데 한국인이 창작한 찬송가의 거의 대부분이 후자에 속하고, 대신곡은 10여 곡에 불과하다. 사실 찬송가 가사에는 작사자의 신학이 반영되게 마련이므로, 대인곡보다는 대신곡을 창작하는 일이 더 어려울 것 같다. 그러나 찬송을 통해 우리의 심성이 움직이고 이것이 자연스레 하나님에 대한 예배로 연결되기 위해서는 좀 더 많은 대신곡 창작이 필요하다.

토착화

토착화 문제와 관련하여 논란이 되는 이슈는, 전래 민요나 전통 가락에 찬송가 가사를 접목하는 작업이다. 우리가 아는 찬송가 가운데도 이런 곡이 심심찮게 등장한다. 한국인들이 애송하는 찬송가 493장(《하늘 가는 밝은 길이》)은 원래 스코틀랜드 가곡인 〈애니 로리*Annie Laurie*〉의 곡에 기초한 것이고, 305장(《나 같은 죄인 살리신》)도 미국 민요로서 대농장에서 흑인들이 부르던 노래였다.

어떤 사람들은 이런 곡들이 '세속적'인 데 기원을 두고 있음에 경악하면서, 우리의 찬송가에서 제외해야 한다거나 최소한 예배 때는 부르지 말아야 한다고 강력히 주장할지도 모른다. 그러나 이런 조치는 별로 바람직하지 못하다. 만일 그리스도인의 어떤 활동이나 전통의 합법성 여부를 판단하는 데 기원의 순수성을 그 준거로 내세운다면, 우리가 알고 있는 상당수의 용어나 명칭은 종적을 감추어야 할 것이다. 성탄절이 그러하고, '선데이Sunday'라는 용어가 그러하며, '도道'나 '신神'의 개념들도 마찬가지이다. 따라서 이미 익숙해져 있고 현재로서 신앙 인식상 방해가 되지 않는 찬송가라면, 비록 그 곡이 세속적 기원을 가지고 있다고 해도 예배 찬송으로 채택할 수 있다고 생각한다.[16]

복음 성가

또 한 가지 이슈는 예배 중 복음 성가 사용에 대한 것이다. 나는 이 문제를 복음 성가 전체에 대한 적합성 여부로 풀어 가지 않고, 오히려 복음 성가 각각에 대한 평가의 문제로 이해해야 한다고 생각한다. 이것은 복음 성가를 반대하는 이유들을 고려하면 선명히 드러난다. 복음 성가 반대자들은 첫째, 곡이나 선율의 흐름이 천박하다는 점, 둘째, 경건한 예배 분위기를 깨뜨린다는 점, 셋째, 가사가 성경적·신학적으로 합당하지 않다는 점 등을 내세운다. 나는 첫째 이유와 둘째 이유만으로는 복음 성가 사용을 배척할 충분한 근거가 되지 못한다고 생각한다. 물론 셋째 이유가 반대하는 근거라면 이는 타당한 것이므로 문제가 되는 복음 성가를 예배에서 사용하지 말아야 할 것이다.

복음 성가 중에는 시편이나 기타 성구에 충실히 기초하여 하나님을 찬양하면서도 현대적 취향에 맞는 곡들이 꽤 있는데, 이런 곡들을 선별하여 사용하면 예배 분위기를 훨씬 고양할 수 있다. 이것은 그리스도인들이 전통적 찬송가의 '대신곡' 들을 영과 진리의 예배 수단으로 충분히 활용하지 못하는 점을 고려할 때, 더욱 의미심장하게 여겨진다.

물론 교회마다 전통 찬송가만을 고집하는 보수적 입장의 그리스도인이 건재함을 잘 알고 있다. 따라서 한 가지 타협안을 시도하는 것도 불필요한 마찰과 오해를 피하는 현명한 길이라고 생각한다. 이미 대다수 교회에서 많이 실시하고 있는 것처럼, 예배 전 찬송 시간이나 주일 오후 청년부 예배에서는 복음 성가의 부분적 도입을 허용하되, 주일 낮 예배에서는 전통적 찬송가만을 사용하는 것이다. 그러나 원칙상으로는, 복음 성가의 내용과 곡조가 합당하다면 어떤 예배에서든 복음 성가를 하나님에 대한 찬송가로 채택하지 못할 이유가 없다.

음악으로 예배하기

예배 중에 사용되는 찬송가와 다양한 음악 순서는 한편으로 참 예배의 정신을 촉발하는 효과적 수단이 될 수 있지만, 다른 한편으로는 그 자체의 예술적 기능 때문에 회중이 하나님을 예배하기보다는 오히려 음악 활동performance과 그 사역자에게 초점을 맞추도록 유혹하는 계기가 되기도 한다.[17] 이런 일이 예배 시간 내내 일어나는데도 불구하고 우리는 이 사태의 심각성을 외면한 채 그저 음악 순서를 통해 예배를 '본' 것으로 만족하곤 한다. 그러나 엄밀히 말해서 이것은 영과 진리의 예배 정신에 어긋나는 일이다. 어떻게 하면 이러한 교묘한 유혹에서 벗어나 음악 순서를 통해서도 하나님을 영과 진리로 예배할 수 있을까? 크게 두 경우로 나누어서 생각해 보고자 한다.

▽ 음악 사역자의 경우

음악 사역자들은 종종 회중의 눈길을 의식하게 되기 때문에 자칫하면 하나님께 집중하기보다는 사람들 앞에서 '공연'을 할 때의 의식 상태에 처하게 된다. 이것은 성가대처럼 집단적인 경우에도 그렇지만, 특히 단독 사역자—반주자, 지휘자, 특별순서 담당자—로 나서면 그렇게 되기가 더욱 쉽다. 따라서 음악 사역자의 경우에는 피나는 내면의 훈련이 요구된다.

먼저 성가대 연습 시간을 생각해 보자. 새 곡을 배우고 파트별로 연습을 할 때는 음을 익히는 데 신경을 써야 하기 때문에, 그 곡을 통해 하나님께 집중하기가 쉽지 않다. 따라서 한시바삐 곡—박자, 음, 강약, 흐름 등—을 익혀 음악상의 규칙에서 자유스러워지면, 가사의 의미를 곱씹음으로써 하나님을 올려다보아야 한다. 이것은 연습 때보다도 예배 중에 찬송할 때 더욱더 중요하다. 음악, 가사, 태도가 성가대의 찬송과 한데 어우러지면, 회중의 심령 또한 영과 진리로 하나님을 예배하도록 거룩한 자극을 받을 것이다.

음악 사역자는 찬송가를 연주하고 음악 순서를 수행할 때 세 종류의 대상을 의식하게 된다. 첫째, 목소리를 발하거나 악기를 연주하거나 지휘를 하는 자기 자신이다. 둘째, 자기 자신의 음악 활동을 눈여겨보고 있는 회중이다. 셋째, 이 모든 음악 사역이 궁극적으로 지향하고 있는, 예배의 대상이신 하나님이다. 그런데 회중 앞에 있다는 자의식 때문이든 실수하지 않고 잘해야 한다는 압박감 때문이든 간에, 첫째와 둘째 대상에만 신경을 쓰고 예배의 대상이신 하나님을 도외시하는 경우가 비일비재하다. 음악 사역자는 자신과 회중을 의식하되 더욱 중요하게는 하나님 앞에 예배자로 서 있음을 기억해야 한다. 이 일은 한 번에 그쳐서는 안 되고, 부단한 노력 끝에 좋은 의미에서 마음의 습성으로 자리를 잡아야 한다.

▿ 회중의 경우

교회에서 사용하는 용어 중에 '준비 찬송'이라는 말이 있다. 이것은 예배 시간 전에 혹은 무슨 이유로 공적 집회가 지연될 때, 그것을 '땜질'하기 위한 수단으로 찬송가 몇 곡을 부르는 일을 지칭한다. 꽤 많은 이들이, 찬송이면 모두가 다 같은 찬송이지 준비 찬송 따로 있고 본 찬송 따로 있느냐는 식으로 정당한 비판을 했다. 나는 부득이한 사정 때문에 찬송으로 준비하는 일이 필요할 수 있다고 생각한다. 그것을 '준비 찬송' 이라고 하면, 그렇게 부를 수도 있을 것이다. 그러나 아무리 준비 찬송이라 하더라도 그 찬송의 대상은 하나님이시다. 하나님께 집중하면서 찬송한다면, 그것이 어떤 명칭으로 불리든 큰 상관이 없다고 생각한다.

회중이 예배 시의 찬송과 관련하여 하나님께 집중하지 않고 방심하는 경우는 주로 성가대의 찬양 순서 때 발생한다. 교인들은 성가대의 의상과 음악적 솜씨에 마음이 쏠려 자신을 예배자로 인식하지 못하고 순간적으로나마 감상자로 착각한다. 그리하여 성가대 개개인의 얼굴을 바라보며 그중 아는 사람이 있나 찾기도 하고, 곡을 얼마나 잘 소화했는지 어떤 표정으로 찬송하는지 등등에 정신을 팔곤 한다. 이것은 옳지 않은 모습이며, 엄밀하게 말해서 하나님을 우습게 여기는 태도이다. 성가대의 동작, 모습, 찬양은 결국 하나님을 더 잘 예배하도록 하기 위한 수단이지, 하나님은 쏙 빼놓고 인간끼리의—거룩해 보이나 위선과 형식으로 가득 찬—잔치 자리가 아니기 때문이다. 만일 눈으로 보는 것이 방해가 되면, 차라리 눈을 감고 성가대가 부르는 가사의 내용을 음미하면서 하나님을 올려다보도록 해야 한다.

회중이 '음악 감상'의 시험에 빠지는 또 다른 경우는 단독 사역자가 특별순서를 맡아 수행할 때이다. 이것은 특히 반주자나 연주자의 경우보다 성악가가 특별순서를 맡아 하는 경우 더욱 그렇다. 찬송하는 이의 목소리, 용모, 표정, 동작… 이 모든 것이 종교적 '볼거리'로 등장하기 때문에, 찬양과 경배받으실 주님을 망각하기 십상이다. 이때 회중이 취해야 할 태도는 성가대가 찬양할 때 요구되는 바와 거의 비슷하다. 노래하는 이의 외양과 목소리보다 찬송가의 가사와 예배받으시는 하나님께 초점을 맞추어야 할 것이다.

끝으로 회중이 회중 전체가 참여하는 찬송을 통해 진정한 예배 정신을 발현하려면, 예배 순서에 있는 두세 곡의 찬송가를 올바른 자세로 부르도록 노력해야 한다. 에베소서 5장 19절은 이러한 태도를 지칭하면서 "**너희의 마음으로**from your heart 주께 노래"하라고 권면한다. 마음이 개입되지 않는 찬송, 입술과 습관에 따른 찬송은 헛예배를 유발할 뿐이다. 그렇다면 어떻게 해야 우리의 마음으로 찬송을 부를 수 있을까? 두 가지 연관된 조치가 필요하다.

첫째, 가사의 내용을 잘 음미하면서 찬송가를 불러야 한다. 이러한 찬송 방식을 가리켜 '이해력 있게 찬송하기singing with understanding'[18]라고 부른다. 만일 우리가 가사를 잘 관찰하고 그 내용을 음미하고자 한다면, 우리의 마음은 딴 곳에 갈 수가 없을 것이다. 2절을 불러야 할 때 3절을 부른다든지, 가사 일부를 다른 절의 가사로 혼동한다든지 하는 것은 대부분의 경우 가사에 마음을 쏟고 있지 않았기 때문이다.

둘째, 찬송가는 곡조가 달린 기도임을 상기해야 한다. 가사를 음미하면서 이런 모든 예배 순서의 궁극적 목표가 되시는 주님께 아뢰어야 한다. 찬송가에 따라 차이가 있지만, 어떤 것은 가사 자체가 기도로 되어 있어서 별다른 노력 없이도 그 내용만으로 기도할 수 있다. 그렇지 않은 가사의 경우라도 약간의 노력에 의해서 얼마든지 기도문으로 바꿀 수 있다. '영생', '사죄', '소망', '헌신', '전도', '봉사' 등 어떤 주제가 등장하든 이들은 하나님께 아뢰는 우리의 기도 제목이 될 수 있다.

물론 우리는 찬송가를 부르면서 종종 딴생각을 한다. 마음이 복잡해서 그런 때도 있고, 순간의 방심에 의해 생각의 초점이 다른 곳으로 치달아 그런 경우도 있으며, 예배 후 해야 할 일에 대한 부담 때문에 그럴 수도 있다. 이때 마음의 방황과 엇갈림을 발견하면 즉시 돌이켜 다시금 찬송가의 가사를 통해 하나님께 집중함으로써 영과 진리의 예배를 드리도록 해야 할 것이다. 죄의식과 자책감 때문에 물러서지도 말고 또 자포자기에 빠져 마음의 방황을 지속하지도 말아야 한다. 한시바삐 예배의 자리로 돌아와 심령을 되찾는 것, 찬송을 통해서 영과 진리로 예배를 드리는 것만이 진정한 예배자가 취할 조치이다.

5

신앙 고백

입으로 시인하여 이르는 구원

로마서 10:9-10

[9]네가 만일 네 입으로 예수를 주로 시인하며 또 하나님께서 그를 죽은 자 가운데서 살리신 것을 네 마음에 믿으면 구원을 받으리라. [10]사람이 마음으로 믿어 의에 이르고 입으로 시인하여 구원에 이르느니라.

거의 대다수 교파에서는 주일 예배 시에 사도신경使徒信經, Apostles' Creed으로 신앙을 고백하도록 예배 지침을 마련해 놓았다. 5장에서는 신앙 고백으로서의 사도신경을 역사적·교리적 맥락에서 파악하고, 이 고백이 영과 진리의 예배에 대해 갖는 의미를 규명하고자 한다.

신경과 신조의 의미

∇ 신경 信經, Creed

영어의 '크리드creed'는 라틴어 '크레도*credo*'에서 유래되었는데, 크레도는 '내가 믿는다I believe'라는 뜻을 나타낸다. '신경'이란 일차적으로 하나님에 대한 **개인적** 신앙의 고백문이지만, 전全 교회가 역사적으로 인정하는 신앙 고백의 내용이기도 하다. 교회가 공적인 예배 의식 가운데 공동으로 신앙을 고백하는 것은 바로 이런 **공동체적** 의미 때문이다. 신경은 교회의 공식적 신앙 고백 가운데 가장 오래된 것으로서, 그 역사적 기원은 초대교회까지 거슬러 올라간다. 그중에서 가장 먼저 형성된 것이 사도신경Apostles' Creed[1]이고, 그 외에 니케아 신경Nicene Creed[2]과 아타나시우스 신경Athanasian Creed[3]이 있다.

▽ 신조 信條, Confession

교회의 교리적 진술과 관련하여 또 한 가지 중요한 용어가 있는데, 그것은 바로 '신조'이다. 신조는 종교개혁 이후 형성된 개신교의 주요 교파가 자기 교파의 교리적 독특성을 설명하기 위하여 작성한 신앙 고백 문서로서, 신경에 비해 그 종류가 다양하며 내용도 자세하고 길다. 대표적인 신조로서 루터파 교회의 아우구스부르크 신앙고백Augusburg Confession, 1530, 영국 교회Anglican Church의 39개 신조Thirty-Nine Articles, 1571, 개혁 교회의 세 가지 신조(벨기에 신앙 고백Belgic Confession, 1561·하이델베르크 요리 문답Heidelberg Catechism, 1563·도르트 신조Canons of Dort, 1619) 및 장로교의 웨스트민스터 신앙 고백Westminster Confession of Faith, 1647 등이 있다.

▽ 신경과 신조의 차이

위의 내용 가운데 신경과 신조의 차이점이 어느 정도 이미 들어 있지만, 이제 둘 사이에 차이 나는 면모를 다음의 대조표를 통해 좀 더 자세하게 살펴보자.[4]

대조표의 설명 가운데 특히 우리의 눈길을 끄는 것은, 신경이 예배 순서에 사용될 목적으로 작성되었다는 점이다. 그런데 그런 목적으로서는 사도신경이 가장 안성맞춤이었다. 왜냐하면 사도신경이야말로 세 가지 신경 중 가장 초기에 만들어졌고 가장 분량이 적어 교회의 초기부터 예배 순서로 채택

항목 \ 구분	신경 Creed	신조 Confession
성격	개인적 요소에 대한 강조. 신자 개인의 고백이므로 1인칭 단수의 언어를 채택함.	좀 더 객관적인 성격. 일차적으로 신자들 그룹이나 전 교회의 고백이므로 1인칭 복수의 언어를 채택함.
목적	처음부터 교회의 예배 순서에 넣기 위해 만들어짐.	예배 의식보다는 교육용으로서 오직 신학적 문서의 의미만 가짐.
대상 및 내용	내용이 하나님을 향한 것이므로, 하나님과 하나님의 진리만을 언급함. 인간의 이름(마리아와 본디오 빌라도는 제외)이나 오류는 언급하지 않음.	내용이 동료를 향한 것이므로, 신학적으로 빗나간 견해들을 열거하고 상세히 논박함으로써 그러한 견해에 맞서는 진리의 양상을 강조함.
분량	신앙의 본질적 사항만을 언급하기 때문에 극히 간략함.	신경에 그저 언급만 되어 있는 진리의 항목들에 대해 광범위하고 자세한 진술을 시도함.
역사적 의미	교회가 하나 되었다는 표시임.	종교개혁 당시와 그 이후의 신앙 고백들은 교회가 분립되었다는(나누어졌다는) 표시임.

되기가 유리했기 때문이다.

사도신경으로 신앙을 고백하기까지

▽ 사도신경은 사도들이 만든 신경?

사도신경의 창안자는 신경의 명칭이 보여 주는 바와는 달리 결코 열두 사도가 아니다. 사도신경을 사도들의 저작과 연결하려는 견해는 중세에 많이 유행하였는데, 이는 사도신경에 대한 권위를 높이기 위해서였다. 그 당시의 미신적인 견해에 따르면, 오순절에 성령께서 강림하신 후 열두 사도가 부활의 주를 전파하기 위해 전 세계로 흩어지기 전에 사도신경의 한 항목씩을 발언했다고 한다. 즉, 베드로가 첫 항목인 "나는 전능하신 아버지 하나님, 천지의 창조주를 믿습니다"라고 말하자 나머지 사도들이 한 항목씩 덧붙였고, 맨 마지막에 유다 대신 보선된 맛디아가 "영생을 믿습니다"라고 마쳤다는 것이다.[5] 그러나 오늘날은 심지어 가톨릭 신학자들조차도 이렇게 믿는 이가 없다.[6]

∇ 사도신경, 어떻게 만들어졌나?

사도신경을 사도들이 하루아침에 급조한 것이 아니라면, 자연히 역사적 발전 과정을 추정하게 된다. 다음과 같은 역사적 증거와 자료가 그 변천 과정을 희미하게나마 보여 줄 것이다.

우선, 사도신경의 기본적 내용과 틀이 이미 어느 정도 신약 성경 자체에 나타나 있다. 예수께서는 베드로에게서 "주는 그리스도시요 살아 계신 하나님의 아들이시니이다"**마 16:16**라는 공식적 고백을 이끌어 내셨다. 기독 신앙의 요체는 그리스도께만 집중해 설명되기도 했고**롬 8:34; 고전 15:3-4; 딤후 2:8; 요일 4:2**, 하나님과 예수 그리스도를 함께 아우르기도 했으며**고전 8:6; 딤전**

2:5, 6:13; 딤후 4:1, "아버지와 아들과 성령의 이름으로 세례를 베풀고"마 28:19에 나타나듯 삼위가 언급되는 형식고전 12:4-6; 고후 1:21-22, 13:13; 벧전 1:2을 통해서도 표명되었다.

2세기 말경, 로마의 교회에서는 소위 '구舊 로마 신경Old Roman Creed'이라는 것이 있어서 세례 대상자들을 교육하는 데 사용되었는데,[7] 이것은 사도신경의 전신이라 해도 과언이 아닐 정도로 비슷한 내용을 담고 있다.[8] 그 후 390년경에는 이 신앙 고백문이 처음으로 '사도' 신경으로 불리었고,[9] 북이탈리아 아퀼레이아 출신의 학자요 장로인 루피누스Rufinus of Aquileia, 345-411는 404년경 《사도신경 주석*Commentary on the Apostles' Creed*》을 쓰기도 했다.[10] 하지만 725년경[11]에야 비로소 오늘날 우리가 가진 형태의 사도신경—곧 '확립된 본문established text'—을 확인할 수 있었다.

∇ 사도신경, 왜 필요한가?

사도신경이 이렇게 몇 세기에 걸쳐 형성되었다면, 그러한 신경이 필요하게 된 역사적·시대적 요인은 무엇일까? 네 가지로 정리해 보고자 한다.[12]

첫째, 교회는 설교preaching나 전도를 위해 기독 신앙에 관한 어떤 표준적 내용standard formula을 형성하는 일이 불가피했다. 그리하여 복음 진리의 수호 및 선포와 관련하여 '사도의 가르침'행 2:42, '교훈의 본本'롬 6:17, '전통tradition'살후 2:15, '부탁한 것what is entrusted' **딤전 6:20**, '바른말/교훈' **딤후 1:13, 4:3; 딛 1:9** 등으로 불리는 교리적 훈련 내용을 구체화하기에 이르렀다.

둘째, 교회가 처음 형성되자 공적 예배에 합당한 예배 의식이 필요하게 되었는데, 그중 하나가 신앙의 고백이었다. 신앙의 고백이 예배 의식에 반드시 있어야 하는 항목이었음은, 이미 신약 자체에 등장하는 찬송가 형태의 고백문**빌 2:5-11; 딤전 3:16**, 고백 및 기원**고전 12:3; 계 22:20** 등을 보아 알 수 있다.

셋째, 기독교에 입문하는 이들을 위해서 신앙에 관한 체계적 교리 내용이 있어야 했다. 만일 어떤 이가 기독교 공동체에 들어오고자 한다면, 그는 세례받기 전에 무엇을 믿는지 확실히 알아야 했고 그런 것을 믿는다고 고백할 필요가 있었다. 예를 들어, 에티오피아 여왕 간다게의 내시가 빌립에게 세례받기 전에 "내가 예수 그리스도께서 하나님 아들인 줄 믿노라"**행 8:37 난외주 참고**라고 고백한 것을 보라. (어떤 이는 사도행전 8장 37절의 내용이 중요한 사본에는 빠져 있다고 이의를 제기할지 모르지만, 혹시 이것이 후대의 삽입interpolation이라고 해도 그 삽입 시기가 매우 이른 것으로 보아 세례 전 신앙 고백은 초대교회의 행습을 반영하는 것이라 할 수 있다.)

넷째, 이단적 가르침에 맞서서 올바른 기독 신앙을 수호할 필요가 있었다. 모든 신앙 조항이 이단에 대한 조치의 목적을 띠고 만들어진 것은 아니지만, 동시에 어떤 부분들은 이단의 공격에 대한 대응 때문에 생긴 것이 사실이다.[13] 잘못된 교리에 대처하려면, 올바른 교리의 체계화 및 제시가 있어야만 가능했기 때문이다.

사도신경의 구조

사도신경을 다음과 같이 항목별로 구분해 보면 삼위일체적 구조로 이루어져 있음이 확연히 드러난다.

나는 전능하신 **아버지 하나님**, 천지의 창조주를 믿습니다.
나는 그의 유일하신 아들, **우리 주 예수 그리스도**를 믿습니다.
그는 성령으로 잉태되어 동정녀 마리아에게서 나시고,
본디오 빌라도에게 고난을 받아 십자가에 못 박혀 죽으시고,
장사된 지[장사되시어 지옥에 내려가신 지] 사흘 만에 죽은 자 가운데서 다시 살아나셨으며,
하늘에 오르시어 전능하신 아버지 하나님 우편에 앉아 계시다가,
거기로부터 살아 있는 자와 죽은 자를 심판하러 오십니다.
나는 **성령**을 믿으며, 거룩한 공교회와 성도의 교제와
죄를 용서받는 것과 몸의 부활과 영생을 믿습니다.

위 내용을 12개 조항[14]으로 정리하면 다음과 같다.

성부 1. 아버지, 전능, 창조

성자 2. 외아들, 우리 주

3. 성령 잉태, 동정녀 탄생

4. 고난, 십자가, 죽음, 장사

5. 지옥 강하

6. 부활

7. 승천 및 재위在位, session

8. 심판

성령 9. 성령

10. 교회, 성도의 교제

11. 사죄

12. 부활, 영생

물론 사도신경의 내용을 12개 조항으로 구분할 때, 위의 방식을 따르지 않을 수도 있다. 위 내용의 제일 흔한 변형은 '5. 지옥 강하'를 '4. 고난, 십자가, 죽음, 장사'나 '6. 부활'에 병합시키고, '12. 부활, 영생'을 각각 '부활'과 '영생'이라는 독립 항목으로 나누는 것이다. 또 '10. 교회, 성도의 교제'에 나오는 '성도의 교제'를 현재처럼 '교회'와 연관시키지 않고 '11. 사죄' 항목에 병합시키는 방도도 고려해 볼 만하다.

사도신경의 용도

사도신경은 그리스도인의 신앙생활에서 어떤 용도를 갖는 것일까? 다음의 세 가지 항목을 거론할 수 있을 것이다.

▿ 교리적 용도

사도신경의 핵심적 특징은 그리스도인의 신앙에서 가장 기본적이면서 본질적인 가르침들을 간단하면서도 일목요연하게 표현해 놓은 교리적 진술문이라는 데 있다. 따라서 모든 교리가 그렇듯 사도신경 역시 교리의 집합체인 이상, 체계화 작업·개인의 신앙 성숙·신앙 교육·기독 신앙의 변호라는 네 가지 방면에서 중요한 역할을 감당할 수 있다.

▿ 예배 의식적 용도

사도신경의 교리적 측면을 무시할 수 없고 또 무시해서도 안 되지만, 더욱 중요한 것은 예배 의식과의 연관성이다. 사실 교회의 역사를 볼 때 교회의 기본적 교의dogma는 예배 의식에서 비롯되었다. 사도신경과 예배 의식과의 내적 연관성을 추적하려면, 우리는 다시금 '신경'이라는 단어에 주목해야 한다.

신경은 전통적으로 '신앙의 상징*symbolum fidei*, symbol of the faith'이라고 불려 왔다. 여기서 '상징symbol'은 그리스어로 '숨

볼론συμβόλον'인데 '표시sign'라는 뜻이다. 어떤 사물이 표시 노릇을 할 때, 그 표시물signifier은 자기 자체보다 그것이 표시하는 대상object signified에 초점을 맞추게 마련이다. 사도신경이 상징 곧 표시라고 할 때, 그것은 그 신경이 표현하고자 하는 신앙의 대상, 곧 삼위 하나님의 신비스러운 실존을 가리키는 것이다.[15] 또 '신경'이라는 말의 라틴어 '크레도*credo*'는, 두 가지 어근 '***cor***(heart)'와 '***dar***(to give)'의 합성어로서 '자신의 마음을 주다give one's heart'라는 뜻이다. 그렇다면, 그리스어 '표시'와 라틴어 '마음을 주다'를 연결해 볼 때, 신경이란 '교리적 표현을 통해 삼위 하나님께 자신의 마음을 드리는 것'이라는 의미가 된다.

그런데 언제 우리는 삼위 하나님께 마음을 드릴 수 있을까? 물론 교리 공부를 하면서도 그렇게 할 수 있지만, 경우에 가장 합당한 것은 예배 의식을 통해서이다. 그리스도인들이 함께 예배를 드리면서 사도신경으로 신앙을 고백할 때마다, 그들은 개인적으로(또 공동체적으로) 거룩하신 삼위 하나님께 개인(과 공동체)의 마음을 바치겠노라 다짐하는 것이다.

▿ 실천적 용도

사도신경을 교리로서 배우고 예배 의식 가운데 고백했다면, 그것은 동시에 그리스도인의 삶에 구체적인 영향을 끼쳐야 한다. 물론 사도신경의 조항 하나하나가 직접적으로 우리 삶의 특정 영역에 현저한 변화를 일으켜야 한다고 주장하는 것은 아니다. 기독교의 교리 가운데 여러 항목은 실천적 함의를 갖지 않는 수가 빈번하고, 이것은 사도신경의 경우에도 마찬가지이다. 그러나 동시에 어떤 조항은 실천적 함의가 커서 그런 내용을 정기적으로 고백할 경우, 어떤 식으로든 그런 교리적 진술에 영향을 받지 않을 수는 없다는 말이다. 구체적 예를 들어 보도록 하자.

- 하나님 아버지께서 만물의 창조주시라면, 당신은 황폐되어 가는 자연 세계를 회복/보존하기 위해 구체적으로 무슨 노력을 기울이고 있는가?
- 예수 그리스도께서 십자가의 고통을 겪으신 것이 세상에서 겪는 고난과 어려움에 대한 당신의 시각을 어떻게 변화시켰는가?
- 그리스도를 하나님 우편에 좌정하신 왕으로 모시는 사람으로서, 당신은 부하 직원들을 어떻게 다스리고 있는가?
- 새 하늘과 새 땅을 유업으로 받는다는 사실이 당신의 재물관에 어떤 식으로 영향을 미치는가?

만일 신자의 일상생활이 교리의 내용이나 예배 때의 고백과 터무니없이 동떨어져 있다면, 그의 교리 지식은 지적인 유희에 불과하고 그의 신앙 고백은 종교적 형식에 지나지 않을 것이다.

왜 사도신경으로 신앙을 고백할까?

왜 우리는 매주 예배 때마다 사도신경으로 신앙을 고백하는 것일까? 그러한 고백에는 세 가지 의의가 있기 때문이다. 첫째, 신앙의 고백은 우리가 무엇을 믿고 있는지 되돌아볼 자기 성찰의 계기를 마련해 준다. 신앙적 자기 성찰은 두 요소—믿는 내용에 대한 바른 이해, 믿음의 대상이신 하나님에 대한 진심의 고백—가 만날 때 원활히 이루어진다. 이 두 가지 중에 '믿는 내용에 대한 바른 이해'가 무시되면 '맹목盲目 신앙blind faith'이, '믿음의 대상이신 하나님에 대한 진심의 고백'이 결여되면 '명목名目 신앙nominal faith'이 배태된다.

이런 의미에서 로마서 10장 9-10절이 신앙 고백과 관련하여 우리에게 시사하는 바는 상당히 교훈적이다. 우선, 진정한 신앙 고백에는 '믿는 내용'이 있어야 한다. 9절에 보면 '예수께서 주이시다Jesus is Lord'라는 내용과 '하나님께서 그[예수]를 죽은 자 가운데서 살리신 것'이 믿음의 내용으로 등장한다. 이를 볼 때 우리의 신앙 고백은 그 핵심적 내용이 그리스도의 부활과 주 되심이어야 함을 알 수 있다.

또 신앙 고백이라는 말뜻 그대로, 믿음의 대상이신 하나님께 진실된 신앙의 고백이 있어야 한다. 9-10절에 따르면, 이러한 신앙 고백에는 두 가지가 개입되어야 하는데, 곧 '마음으로 믿음'과 '입의 시인'이다. 다시 말해서, 신앙의 내용을 마음으로 믿는 것과 그 믿는 바를 입으로 시인하는 것이 필요하다. 물론 마음의 믿음과 입술의 표현은 결국 **참 신앙**이라는 동전의 양면일 뿐이다. 속임수나 위선의 경우를 제외한다면, 인간은 마음에서 믿는 것을 입으로 시인하지 않을 수 없고, 또 입의 시인은 근본적으로 마음의 믿음으로부터 흘러나오는 것이기 때문이다.

우리가 예배 시에 사도신경의 내용을 되새기며 하나님에 대한 신앙을 고백할 때, 로마서 10장 10절에 약속된 '의'와 '구원'은 더욱더 확실히 우리의 영적 실상으로 자리 잡을 것이다. 둘째, 사도신경을 통한 신앙 고백은 고백하는 이들을 하나로 묶어 실로 거룩한 공교회의 구성원이라는 영적 유대 의식을 공고히 해 준다. 비록 우리가 지역과 위치에 따라 서로 멀리 떨어져 있다고 해도, 동일한 하나님께 동일한 내용의 신앙을 고백할 때 우리는 신비스럽게도 한 성령 안에서 한 몸을 이루게 된다. 이러한 영적 유대의 범위는 특히 사도신경의 보편적 사용 때문에 더욱 효과적으로 넓어진다. 그리스도인치고 사도신경의 신앙 전통적 가치를 인정하지 않는 경우는 드물기 때문이다.

나는 이 점이 얼마나 중요한지를 오래전에 경험했다. 1999년 7월 '국제복음주의학생회IFES, International Fellowship of Evangelical Students'—IVF의 국제 조직 명칭—가 개최하는 세계

대회world assembly가 한국에서 열렸는데, 이때 한 세미나에 참석했다가 매우 인상적인 발언을 들었다. 말하는 이는 중동과 지중해 연안에서 일하는 사역자였다. 그 지역의 학생 운동이 갖는 어려움을 토로하는 가운데, 가장 큰 장애물은 동방 정교Eastern Orthodox로부터 받는 오해와 핍박이라고 말했다. 정교회는 로마 가톨릭만을 인정하는 정도이고, 개신교는 어떤 교파든 사이비 종파로 간주한다는 것이었다. 그런 난관을 어떻게 이겨 내느냐고 묻자, 그는 "우리도 사도신경을 고백한다"라고 말해 주면 상대방의 적대적인 태도가 상당히 누그러진다고 했다.[16]

앞서 사도신경의 역사적 발전 과정에서 설명했듯이 신경의 완성 시기가 늦어도 8세기경이므로 이 신앙 고백은 기독교회의 첫 분열—동방 정교가 로마 가톨릭과 분립한 것이 1054년임—이 있기 오래전부터 전 교회적으로 사용되었다. 이 점을 고려할 때, 왜 정교회의 사제가 그렇게 갑작스러운 태도의 변화를 보였는지 납득이 간다. 이런 사실은 거룩한 공교회를 향한 유대 의식을 강화하는 데 사도신경만큼 실효성이 큰 신앙 고백이 없음을 입증하는 예라 하겠다.

셋째, 신앙 고백은 교회가 자리한 주위의 세상에 대해 그리스도인이 믿는 바가 무엇인지 알리는 역할을 한다. 매주 예배로 모일 때마다 하나님께 고백하는 신앙 내용은, 하나님께 고백함과 동시에 아직 하나님을 믿지 않는 세상에 대해 진리를 선포하는 일이 된다. 여기에서 우리는 주일 예배와 신앙 고백이라는 맥락만을 염두에 두고 이러한 선포적 기능을 언급하는 것은 아니다. 이미 '사도신경의 용도'에서 밝혔듯, 이것은 사도신경의 용도가 통전적—교리적·예배 의식적·실천적—임을 전제하기 때문에 하는 말이다.

우리가 믿고 고백하고 살아 내는 진리의 요체를 알림으로써 우리는 세상의 가치관과 생활 방식에 도전하고, 복음의 아름다움을 드러내며, 최종적으로 그들을 하나님께로 초대하는 것이다. 사도신경의 사용이 보편 교회에 공통적이듯이 사도신경의 내용을 통한 신앙 고백은 전 세계를 대상으로 한 선포 행위인 것이다.

사도신경 사용에 대한 반대와 해명

사도신경을 통한 신앙 고백이 이와 같은 의의를 지님에도 불구하고, 어떤 그리스도인들은 예배 시 사도신경의 사용을 반대하기도 하고 달갑지 않게 여기기도 한다. 다음의 내용에서는 사도신경의 사용을 반대하는 네 가지 서로 다른 이유를 소개하고, 이에 대한 답변을 시도하고자 한다.

▿ **반대 이유 1. 사도신경의 반복 사용은 형식주의라는 폐습을 낳는다.**

사도신경의 내용이 훌륭하고 그 나름으로 지니는 의의가 큰 것을 인정하면서도, 일부 그리스도인들은 그것이 형식화된다는 이유 때문에 꺼리는 수가 있다. 즉, 처음 한두 번은 어떨지 몰라도 매주 반복하다 보면 의미 있는 고백을 하기가 점점 어려워지고 급기야는 형식주의에 빠지기 때문에, 아예 예배 순서에 포함시키지 말아야 한다는 주장이다. 사실 이것은 역사적 전례를 통해 실증된 바이기도 하다. 칼뱅은 예배 때마다 주기도문과 사도신경을 즐겨 읽었지만,[17] 스코틀랜드 계통의 장로교에서는 한때 이런 순서의 형식화를 이유로 내세워 예배 의식에서 제외했다.[18]

이 반론에 대해서는 충분히 이해가 간다. 그러나 이러한 폐단을 두려워하여 예배 순서에서 사도신경을 배제하자는 것은, '구더기 무서워 장 못 담그는' 격이 아닌가 싶다. 먼저 사도신경의 내용을 각 조항별로 자세히 가르치고 영과 진리의 정신으로 사도신경을 고백하도록 훈련한다면, 이러한 어려움은 얼마든지 극복될 수 있을 것이기 때문이다.

▿ **반대 이유 2. 사도신경은 성경에 명시되지 않은 신앙 체계이다.**

이 반론은 두 가지 전제 아래 출발한다. 첫째, 사도신경은 그 내용 전체가 통째로 성경에 등장하지 않는다는 것이다(주기도문과 비교해 보면 금세 알 수 있다). 둘째, 성경의 어느 한 곳에 집중적으로 등장한 내용만이 예배 순서로 채택될 수 있다는 것이다. 따라서 주기도문이야 얼마든지 예배 순서에 속할 수 있지만, 사도신경은 아니라는 주장이다.

이상의 두 가지 전제 가운데 첫 주장은 누구나 인정하지 않을 수 없다. 그러나 두 번째 주장에는 동의할 수가 없다. 꼭 주기도문식으로 성경의 어느 부분에 그 내용이 집중적으로 등장해야만 예배 순서가 될 수 있다는 것은 지나친 엄격주의의 산물이다. 교리 체계는 그것이 아무리 단순해도 성경의 어느 한 곳에 집중적으로 모여 있지 않다. 성경의 계시는 결코 교리의 형태로 주어지지 않았기 때문이다. 오히려 사도신경을 구성하는 각 조항이 성경의 뒷받침을 받을 수 있다면, 그 체계 전체도 성경적인 것으로 용인될 수 있을 것이고, 따라서 얼마든지 예배의 한 순서로 채택될 수 있을 것이다.

▽ 반대 이유 3. 사도신경의 일부 내용은 신앙 고백으로 채택하기 힘들다.

이 반론을 내세우는 이들이 종종 문제 삼는 내용은 '음부/지옥 강하'("그가 음부/지옥에 내려가셨다"[19])와 연관된 것이다. 어떤 이들은 이 조항이 반드시 포함되어야 하는데 그렇지 않아서 불만을 표시하고, 반대로 어떤 이들은 이 조항의 성경적 근거가 명확하지 않은데 포함되어 있다고 비판을 한다. (어쨌든 한국 교회의 경우에는 이 조항이 빠져 있다.[20]) 그러나 이 조항이 포함되든지 포함되지 않든지, 사도신경의 가치는 크게 달라지지 않는다. 따라서 이런 지엽적 문제 때문에 사도신경을 신앙고백의 항목으로 채택하지 않는다면, 이것은 큰 실수요 어리석은 일이다.

사도신경을 반대하는 또 다른 이들은 "거룩한 공교회公敎會를 믿사오며"라는 조항에 제동을 건다. 특히 사도신경의 영문판에는 이 조항이 "I believe in the Holy **Catholic** Church"라고 되어 있어, 흡사 가톨릭교회만을 인정하는 내용처럼 보이기 때문에 무척 꺼려 한다. 그래서 어떤 이는 이것을 "the Holy Christian Church"로 바꾸어야 한다고 주장하며, 실제로 그렇게 표기해 놓은 것도 볼 수 있다.

그러나 이런 반대는 오해에 기초한 것이다. 'catholic'이라는 단어는 '로마 가톨릭교회Roman Catholic Church'의 경우처럼 고유 명사의 한 부분으로 쓰일 수도 있지만, 그냥 보통 의미의 형용사로 쓰일 수도 있다. 후자의 경우에는 'catholic'이 '보편적universal' 혹은 '일반적general'이라는 뜻이 된다. (신약에서 바울 서신 이외의 서신을 총칭할 때 대개 '일반 서신general epistles'이라고 하지만, 어떤 경우에는 '보편 서신catholic epistles'이라고도 하는 것을 기억하라.) 이렇듯 사도신경에 나오는 'catholic'이라는 말은 'universal'이라는 의미이며, 따라서 이미 나와 있는 표현처럼

공교회로 번역한 것은 매우 타당한 조치라고 하겠다.

그러므로 사도신경의 조항 가운데 어떤 부분에 문제가 있다고 하여(그것도 읽는 사람의 무지나 오해가 주원인인데도 불구하고), 사도신경 전체를 배척하는 것은 경솔하고 지나친 처사이다.

▿ 반대 이유 4. 사도신경의 일부 조항을 온전히 받아들이지 못하기 때문에 그것을 통한 '신앙 고백'을 할 수가 없다.

이 입장은 실상 사도신경에 대한 '객관적 비판'이 아니라, 어떤 개인이 자신의 신앙적 회의를 온전히 극복하지 못한 결과 겪게 되는 '주관적 어려움'이다. 이에 대해서는 두 가지로 반응할 수 있다.

첫째, 사도신경을 통한 신앙 고백은 그 모든 조항을 100퍼센트 확신하는 이들만이 고백할 수 있는 것이 아니다. 이것은 형제 사랑에 관록이 붙은 이들만이 요한1서의 '형제 사랑'에 관한 설교를 들을 수 있는 것이 아닌 것과 비슷한 이치이다. 오히려 반대로 형제 사랑에 부족을 느끼는 이들이 자주 이런 본문을 접함으로써 영적 성숙을 꾀할 수 있어야 하지 않겠는가? 사도신경도 마찬가지이다. 우리는 사도신경의 몇몇 조항들에 대해 생경한 느낌이나 피상적 이해를 하는 경우가 적지 않다. 그렇기 때문에 오히려 꾸준한 신앙생활과 반복되는 고백을 통하여서 그 조항들에 대한 이해가 깊어지고 마음으로부터 고백이 우러나도록 힘쓸 필요가 있다. 따라서 사도신경의 일부 내용에 대해 주관적 확신이 결여된 경우, 신앙 고백의 회피를 능사로 삼기보다는 오히려 "[주 예수여!] 내가 믿나이다. 나의 믿음 없는 것을 도와주소서!"막 9:24라는 간구로써 난관을 타개해야 할 것이다.

둘째, 회의가 없어지지 않고 더 큰 장애 요인으로 발전할 때는 회의를 느끼는 그 특정 내용에 대해 따로 설명을 듣는 일이 필요하다. 이때 소속 교회나 단체의 지도자와 만나서 도움을 얻는 것이 바람직하지만, 개인에 따라서는 관련된 기독교 서적을 추천받아 읽는 것도 좋은 방법이다. 물론 이런 노력은, 하나님께서 그 내용에 대해 확실한 깨달음을 허락해 주시기를 열망하는 마음과 함께 이루어져야 할 것이다.

사도신경을 통한 신앙 고백은, 영과 진리의 예배를 드리도록 우리를 자극하는 거의 유일무이한 형태의 예배 순서이다. 우리의 믿는 바를 마음으로 확신하고 입술로 시인함으로써 하나님께서 찾고 바라시는 영과 진리의 예배를 드리도록 힘써야 할 것이다.

6

헌금

하나님 사랑, 이웃 사랑

고린도전서 16:1-2

[1]성도를 위하는 연보에 관하여는 내가 갈라디아 교회들에게 명한 것같이 너희도 그렇게 하라. [2]매주 첫날에 너희 각 사람이 수입에 따라 모아 두어서 내가 갈 때에 연보를 하지 않게 하라.

오늘날 우리의 예배에서 헌금은 매우 중요한 위치를 차지하고 있다. 하나님께 드리는 영과 진리의 예배를 말하면서, 헌금이 나타내는 헌신의 정신을 빼놓을 수 없기에 이번 장에서는 헌금의 의미와 유래, 문제점, 그리고 예배와의 연관성을 살필 것이다.

헌금과 그 유사어들

우선 헌금과 관련하여 사용되는 몇 가지 용어부터 정리해 보도록 하자.

∇ 한글에서의 표현

예배에서의 금전적 기부 행위를 가리키는 가장 일반적이고 보편화된 용어는 '헌금獻金'이다. 사전에는 헌금이 "주일主日이나 일정한 축일祝日을 맞이하여 교회에 돈을 바침. 또는 그 돈"[1]으로 나타나 있다.

'헌금' 외에 한국 교회가 초창기에 많이 사용한 단어로서 '연보捐補'가 있다. 연보의 첫 글자인 '연捐'이 '버리다, 덜다, 기부하다'라는 뜻을 가지고 있어서, 전통적으로 연보는 "자기의 재산財產을 내어 남의 부족不足을 도움"[2]이라는 말로 이해되었다. 그러나 기독교적 영향력 때문인지 최근에는 일반 사전에도 "주일主日이나 축일을 맞아 교회에 바치는 돈"[3] 이라고, 헌금과 같은 의미로 풀이하고 있다.

어떤 기독교 지도자는 '헌상獻上'이라는 단어가 하나님께 바친다는 의미—"위로 드린다"—를 좀 더 명확히 밝힌다고 주장하기도 했다.[4] 헌상은 원래 "웃어른이나 임금에게 올려 바치는"[5] 행위를 나타내는데, 이것을 기독교적으로 채택하고자 한 것이다. 그 외에도 '봉헌奉獻'이라는 용어를 쓰는 이들도 있는데, 원래 "삼가 공경하는 마음으로 바친다"[6] 는 뜻으로서 그 대상이 인간 이상의 어떤 존재임을 암시하는 말이다.

성경에는 '연보'라는 단어가 주로 바울 서신에 집중적으로 등장하고 롬 15:26; 고전 16:1, 2; 고후 8:2, 20, 9:5, 11, '헌금'은 누가복음의 한 기사에 두 번 나타날 뿐 눅 21:1, 4이다. 또 '봉헌'/'봉헌물'은 민수기에만 나와 있고 민 7:10, 11, 84, 88, '헌상'은 성경에 전혀 언급되어 있지 않다. 그러므로 오늘날 교회에서 빈번히 사용하고 우리에게 익숙한 '헌금'을 예배 순서에서 기부 행위를 대표하는 단어인 것으로 정하고자 한다.

▽ 영어에서의 표현

영어에서는 헌금을 의미하는 가장 일반적인 단어로서 'offering'[7](예배에서 신에게 바치는 예물 혹은 교회에 기부하는 돈)이 있다. 'offertory'[8] 혹은 'oblation'[9]은 "종교 예식 때 돈을 바치거나 모으는 일"을 의미하는데, 종교적 색채가 가장 강한 단어이다. 바치는 행위 혹은 바치는 예물과 관련해 기독교인들이 많이 쓰는 단어로서 'giving'[10]이 있고, 어떤 확정된 목표를 위해 바치거나 수금하는 행위를 나타낼 때는 'collection'[11]이라는 말이 사용되기도 한다. 'giving'이나 'collection'은 비종교적·종교적 맥락을 통틀어 널리 통용되는 낱말이다. 그러므로 한글의 헌금에 가장 부합되는 단어는 'offering'으로 볼 수 있다.

예배 순서로서 헌금의 유래

이제 헌금 순서를 예배 의식 가운데 포함하게 된 역사적 발전 과정을 추적해 보자. 하나님께 바치는 헌물의 역사적 뿌리는 모세 율법에 지시된 각종 제물의 규정에서 발견된다. 하나님은 이스라엘 백성들에게 번제燔祭, burnt offering, 화목제和睦祭, peace offering, 소제素祭, cereal offering, 속죄제贖罪祭, sin offering, 속건제贖愆祭, guilt offering를 명하였고, 이러한 제사는 짐승(소, 염소, 양), 새(비둘기), 곡물을 바침으로써 이루어졌다. 구약의 제물은 주로 속죄를 위한 목적으로 드려졌지만, 종종 감사와 헌신의 표시이기도 했다.

신약 시대의 제사는 구약과 비교해 볼 때 연속성도 있고 불연속성도 있다. 불연속적인 면은 속죄 목적의 제물 헌납이 영원한 제사를 드리신 예수 그리스도 한 분에 의해 종결되었다는 점이다엡 5:2; 히 7:27, 10:12, 18. 그러나 감사와 헌신을 표한다는 의미에서의 제사는 여전히 유효하다롬 12:1, 15:16; 빌 4:18; 히 13:15-16.

헌금이 주일 예배 순서에 병입倂入된 것은, 바울이 고린도 교회의 교우들에게 편지를 보내면서 "매주 첫날에 너희 각 사람이 수입에 따라 모아 두어서"고전 16:2라고 지시한 내용에 시사된 바이다. "매주 첫날"은 다른 본문에 "그 주간의 첫날"행 20:7, "주의 날"계 1:10로도 표기되는 일요일을 가리킨다. 초기의 그리스도인들은 '안식 후 첫날'을 그리스도의 부활마 28:1; 막 16:2; 눅 24:1; 요 20:1에 대한 기념일로 정했고, 예배와 교제의 날로 삼았다.

"너희 각 사람이"는 원래 '너희 각 사람이 **독자적으로**by himself'인데 우리말 성경에는 '독자적으로'가 빠져 있다. 그러면 여기에서 '독자적으로'는 무엇을 뜻할까? 어떤 주석가들은 각자가 집에 돈을 모아 두는 것으로 해석하지만,[12] 오히려 교회의 예배에 헌금을 가져오는 것으로 보는 것이 더 타당해 보인다.[13] 왜냐하면 집에다 헌금을 모아 두는 것이라면 어째서 "매주 첫날"에 그런 일을 하라고 했는지 속 시원히 설명이 되지 않기 때문이다. 따라서 고린도전서 16장 2절은 헌금이 주일 예배 순서에 포함되어 있음을 나타내는 증거라고 하겠다. 또 바울은 헌금과 관련한 이런 관례가 이미 갈라디아 교회들에서도 시행되고 있었음을 언급한다 고전 16:1.

교회 역사 가운데서 주일 예배에서 헌금 순서를 언급하는 최초의 사례는, 유스티누스Justin Martyr, 100?-165?의 글에 나타난다. 기독교 초기 변증가였던 유스티누스는 150년경 "일요일이라 불리는 날에는 도시나 농촌에 사는 모든 이들이 한 장소에 모입니다. … 부한 이들은 원하면 합당하다고 여겨지는 만큼 헌금을 합니다. 수금된 것은 대표자가 맡았다가 … 한마디로 말하면 궁핍한 모든 이들을 구제합니다"[14]라고 말했다. 물론 그는 팔레스타인 지역의 교회를 염두에 두고 당시의 형편을 묘사한 것이다.

초대교회는 예수 그리스도의 성찬 규례를 중요시했기 때문에 예배의 얼개가 성찬을 중심으로 짜여 있었다. 성찬의 본질을 이해하는 데도 예수께서 자신을 제물로 바치셨다는 봉헌oblation의 개념이 주된 사상으로 자리 잡았다. 예배는 결국 성찬의 신비를 통해 그리스도의 자기 봉헌self-oblation을 재현하는 일이었다.[15] 그런데 그리스도의 자기 봉헌을 재현하려면 성찬 의식을 거행해야 했고, 그러자면 구체적으로 떡과 포도주가 마련되어 있어야 했다. 결국 누군가가 떡과 포도주를 준비하고 바쳐야만 성찬의 신비를 이루어 낸다는 뜻이 된다.

그리하여 예배는 그리스도의 자기 봉헌, 성찬 의식의 거행

뿐 아니라 신자들 편에서 떡과 포도주를 헌납하는 일offertory까지도 포함하게 되었다.[16] 그러다가 4세기경부터는 신자들이 떡과 포도주 외에 금, 올리브기름, 과일, 초 등 기타 필요한 품목들을 봉헌하기 시작했고, 이때 금전도 함께 바쳐지면서 헌금이 전례의 성격을 획득하게 되었다.[17] 그 후 10세기에는 공물을 갖다 바치는 관습이 중단되면서 결국에는 헌금만을 헌납하게 되었다.[18]

종교개혁 당시의 형편을 보면, 로마 가톨릭교회는 미사 중심의 예배 의식 가운데 신자들의 헌납 행위를 편입시키고 있었다. 그러나 개신교는 성찬의 봉헌적 의미를 배제한 채 대신 헌금을 바치는 일로써 하나님에 대한 헌신을 표명하도록 조치했다.[19]

헌금, 누가 드리는가?

여기서는 헌금과 관련한 구체적이고 실제적인 사안들을 거론하고자 한다. 먼저 헌금 행위의 주체부터 살펴보자. 바울은 고린도 교인들의 연보 문제를 다루면서 "너희 각 사람"**고전 16:2**이라는 표현을 통해 그리스도인이면 누구나 다 헌금에 참여해야 한다는 사실을 강력히 암시하고 있다. 헌금이 모든 그리스도인의 책임이라고 말하는 데는 네 가지 근거가 있다. 첫째, 성경이 그리스도인 누구에게나 헌금을 명령하고 있기 때문이다고전 16:1-2. 특별한 이유가 없는 한 모든 그리스도인은 헌금에 참여해야 한다.

둘째, 우리는 하나님께 은혜를 입어 그의 소유가 되었기 때문에 그 은혜에 보답하는 의미에서 재정적 헌납이 필요하다. 우리가 하나님께 은혜를 입은 것은 두 가지 면에서이다. 우선, 창조의 관점에서 볼 때 은혜를 입었다. 하나님은 만물을 지으시고 다스리시는 분이시다. 바로 그 가운데 우리 자신도 포함되어 있다. 따라서 천지에 있는 것 중 하나님의 소유가 아닌 것은 하나도 없다대상 29:11; 시 24:1; 고전 8:6. 그리고 속죄의 관점에서 볼 때도 우리는 은혜를 입었다. 하나님은 그리스도의 피 값을 지불하고 우리를 그분의 백성으로 사셨다행 20:28; 고전 6:19-20; 히 9:14; 계 1:5-6. 이렇게 우리는 하나님의 은혜를 입어 이중적으로 그분의 소유가 되었기 때문에, 어떤 방식으로든 그 은혜에 보답하는 것이 마땅하다. 그런데 그러한 보답 방식 가운데 하나가 바로 재물을 드리는 일이다.

셋째, 그리스도인은 누구나 가까운 형제자매는 물론 이웃까지 사랑해야 하는데, 그러한 사랑을 표시하는 주도적 방식이 헌금이라는 것이다. 재정적·물질적 도움이 필요한 대상에게는 그것을 채워 주는 것이 사랑이다눅 10:29-37; 요일 3:16-17. 공동체의 삶과 관련하여 나눠 줌에 대한 실례나 권면이 항시 등장하는 것행 2:44-45, 4:32, 11:28-30; 고후 8:3-5; 갈 6:6; 딤전 6:17-18; 히 13:16도

비슷한 이치이다.

넷째, 헌금은 자기 자신의 신앙적 성숙을 위해서도 필요하다. 물론 이 이유만 목적으로 헌금하는 것은 자기중심적이므로 바람직하지 않을 수 있다. 그러나 앞에서 제시한 세 가지 근거가 전제된다면, 이 넷째 항목도 헌금의 타당한 목적으로 볼 수 있을 것이다. 그리스도인의 성숙과 발전은 결코 이론적인 차원에서나 도덕적 진공 상태에서는 이루어지지 않는다. 다시 말해서, 우리가 진정 하나님 앞에서 영적 진보를 꾀한다면, 구체적이고 실제적인 면에서 헌신의 노력을 감행해야 한다는 것이다. 시간을 내어 하나님과 사람을 섬기는 것, 자신의 재능과 은사를 기꺼이 사용함으로써 공동체와 소속된 이들에게 유익을 끼치는 것 등이 그 예이다. 마찬가지로 우리가 형제자매들의 어려움과 공동체의 필요를 돕기 위하여 자신의 재물과 물질을 과감히 헌납할 때, 우리의 신앙이 자라게 된다.

이상의 네 가지 근거에서 알 수 있듯이 헌금은 모든 그리스도인의 책임이다.

헌금, 누구에게 드리는가?

"헌금은 누구에게 드리는 것인가?"라는 질문에 대해 어떤 이는 "그야 물론 하나님께 바치는 것이지"라고 답변하면서, 이토록 자명한 사항을 무엇 때문에 묻느냐고 의아해할지도 모르겠다. 그러나 답변은 그렇게 간단하지 않다. 헌금에 관한 지침을 표명하는 고린도전서 16장 1절을 살펴보면 "성도를 위하는 연보"라고 되어 있어, 헌금이 실상은 그리스도인—경제적으로 어려운 예루살렘의 그리스도인들**고전 16:3; 롬 15:25-26**—을 대상으로 한 것임이 분명하게 드러난다.

헌금의 대상이 사람이라는 점에 대해서는 서로 다른 두 가지 반응이 나타날 수 있다. 헌금이 하나님께 바치는 것이라고만 생각해 온 그리스도인들은 "성도를 위하는 연보"라는 표현에 약간 주춤할지 모르겠다. 반대로 헌금을 주로 실제 용도에 입각하여 생각해 온 그리스도인들은 "그러면 그렇지!"라고 쾌재를 외칠지도 모른다. 성경에 헌금은 '성도를 위하는 것'이라고 논란의 여지없이 명시되어 있기 때문이다.

그러나 전체적인 그림을 볼 때, 헌금은 결코 양자택일either-or의 사안이 아니다. 헌금이 근본적으로는 하나님께 바치는 것이지만, 실제로는 인간의 필요를 채우기 위해 사용된다. 바울은 이 점과 관련하여 "에바브로디도 편에 너희가 준 것을 받으므로 내가 풍족하니 이는 받으실 만한 향기로운 제물이요 하나님을 기쁘시게 한 것이라"**빌 4:18**라고 말한다. 빌립보 교우들이 에바브로디도 편에 헌물을 전달했을 때, 일차적으로 그것은 "받으실 만한 향기로운 제물이요, 하나님을 기쁘시게 한 것"이었다. 이것은 빌립보 교우들이 헌물을 통해 자신을 하나님께 제물로 바쳤다는 뜻이다. 그러나 그 헌물의 실제적 수혜자는 인간 바울이었다. 이 헌금은 바울에 대한 사랑의 표시로서 바울의 "괴로움에 함께 참여"한빌 4:14 것이었다.

바로 여기에서 우리는 헌금의 이유 혹은 목적이 무엇인지 살펴볼 필요를 느낀다. 두말할 것도 없이 헌금의 목적은 '하나님 사랑'과 '이웃 사랑'이라고 요약할 수 있다마 22:37-40.

∇ 헌금의 일차적 목적: 하나님 사랑

그리스도인은 마음과 목숨과 뜻을 다하여 하나님을 사랑해야 한다마 22:37. 하나님에 대한 사랑을 표시하는 데는 여러 방도와 형태가 있겠지만, 뭐니 뭐니 해도 가장 중요한 것은 우리 자신을 바치는 일이다. 이러한 헌신은 내면적으로는 마음의 자세를 통해 전달되고, 외형적으로는 재물·시간·은사의 헌납이라는 가시적 행위를 통해 표현된다. 이 가운데 예배의 한 순서로서 가장 적합하게 채택될 수 있는 사항이 바로 재물을 바치는 일이다. 따라서 우리는 우리 자신을 하나님께 바친다는 헌신의 표시로서 예배 순서 가운데 헌금을 포함시키는 것이다.

우리는 헌금을 통해 하나님을 인정하고 기쁘시게 할 수 있다. 그 이유는 무엇일까? 우선, 헌금은 하나님의 주 되심을 인정하는 일이기 때문이다. 다시 말해서, 재물을 비롯한 모든 것이 하나님의 것인 고로 이러한 헌납 행위는 하나님의 주 되심을 인정하는 것이고, 따라서 이런 행위는 그분을 기쁘시게 해 드린다. 다윗은 헌물에 대한 감사 기도를 시작하면서, "여호와여! 위대하심과 권능과 영광과 승리와 위엄이 다 주께 속하였사오니 천지에 있는 것이 다 주의 것이로소이다" **대상 29:11** 라고 인정했다.

둘째, 헌금은 하나님의 너그러우심을 인정하는 일이기 때문이다. 하나님은 재물을 포함한 자신의 것을 우리에게 선물로 주시고 향유하도록 하시기 때문에, 우리가 누리는 재물의 헌납을 통해서 이 점을 인정할 때 하나님을 기쁘시게 하는 것이 된다. 바울은 디모데로 하여금 부유한 그리스도인들에게 권면할 바를 가르쳐 주면서, 실은 우리 하나님이 "오직 우리에게 모든 것을 후히 주사 누리게 하시는" **딤전 6:17** 그런 하나님이심을 천명하고 있다.

비록 우리의 헌금이 하나님의 주 되심과 너그러우심을 인정함으로써 하나님을 기쁘시게 하는 것이 사실이지만, 그렇다고 하여 하나님께서 헌금이나 헌물로부터 인간식의 유익을 취하신다는 말은 아니다. 하나님은 피조물인 인간들처럼 무엇이 부족하셔서 이런 것들로부터 보충 거리를 찾으시는 분이 아니다. 구약에서 아삽은 이 점을 다음과 같이 밝힌다.

시 50:9-13 [9]내가 네 집에서 수소나 네 우리에서 숫염소를 가져가지 아니하리니 [10]이는 삼림의 짐승들과 뭇 산의 가축이 다 내 것이며 [11]산의 모든 새들도 내가 아는 것이며 들의 짐승도 내 것임이로다. [12]내가 가령 주려도 네게 이르지 아니할 것은 세계와 거기에 충만한 것이 내 것임이로다. [13]내가 수소의 고기를 먹으며 염소의 피를 마시겠느냐?

하나님은 두 가지 근거를 내세워 제물을 취하지 않는다고 말씀하신다. 첫째, 하나님은 인간과 달리 자충족적self-sufficient인 분이시다. 존재하는 모든 것이 그분 자신의 것이기 때문에시 50:9-12, 인간의 제물에 의존하지 않으신다는 말이다. 하나님은 "천지의 주재시니 무엇이 부족한 것처럼 사람의 손으로 섬김을 받으시는 것"이 아니다행 17:24-25. 둘째, 너무나 당연한 말이지만 하나님은 영이시기 때문에요 4:24 '물질'을 취하시지 않는다시 50:13. 하나님은 구약 시대에 짐승 제물을 자신의 필요 때문에 취하지 않으셨던 것처럼 오늘날 드리는 헌금이나 헌물과 관련해서도 마찬가지이다.

그러므로 하나님께서 헌금을 통해 요구하시는 것은 결국 우리 자신, 곧 우리의 마음이다. 우리가 헌금을 바칠 때 하나님은 우리 자신을 제물로 받으시는 것이다롬 12:1; 빌 4:18; 히 13:16. 그렇다면 결과적으로 헌금 그 자체는 인간을 위해 사용된다고 할 수 있다. 바로 여기에 헌금의 둘째 목적이 있다.

∇ 헌금의 부차적 목적: 이웃 사랑

그리스도인은 자신의 이웃—신자와 불신자를 모두 망라하는 이웃갈 6:10—을 자기 몸처럼 사랑해야 한다. 이웃 사랑 역시 근본적으로는 마음의 문제이지만, 재물·시간·은사의 나눔을 통해서만 구체화될 수 있다. 형제를 사랑한다고 하면서 "누가 이 세상의 재물을 가지고 형제의 궁핍함을 보고도 도와줄 마음을 닫으면," 이것은 "말과 혀"로만 사랑하는 것이고 "행함과 진실함"으로 사랑하는 것이 아니다요일 3:17-18.

헌금이 실제적으로 인간에게 유익을 준다는 것은 자명한 일이지만, 하나님의 자충족성 및 영적 존재 되심과 대조해 보면 그 실상이 더욱 확연히 드러난다. 하나님은 자충족적이시기 때문에 헌금이나 제물 등 외부로부터의 지원이 필요하지 않지만, 인간은 상호의존적inter-dependent 존재라서 다른 이의 도움을 필요로 한다. 이것은 재물의 경우에 한층 더 그렇다. 또 하나님은 절대 영Absolute Spirit으로서 헌금이나 제물이 제공하는 물질적 유익을 초월해 계시지만, 인간은 영과 육을 동시에 갖춘 사회적 피조물로서 재물이나 기타 재정적 필요가 충족되어야 생존과 활동을 보장받을 수 있다. 이처럼 헌금의 실제적 용도가 사람을 위한 것임은 논의 중인 존재들끼리의 속성을 비교해 보아도 잘 알 수 있다.

그렇다면 재정적 필요를 가진 핍절 대상은 누구일까? 구약 시대에는 두 부류의 사람이 여기에 속했다. 한 부류는 사회적 이유 때문에 재정적 어려움을 겪는 이들로서 고아, 과부, 나그네가 대표적이었다신 10:17-18. 또 한 부류는 종교적 이유 때문에 공동체의 도움을 필요로 하는 이들로서 곧 레위인들이었다. 그들은 하나님께서 제사장적 직무 수행을 위해 성별한 지파의 사람들이었으므로 다른 지파의 사람들과 달리 생계를 유지할 만한 토지와 재산이 결여되어 있었다민 18:21-24. 이스라엘 백성은 각종 헌물과 제물을 통해 바로 이런 두 부류의 사람을 재정적으로 도와야 했던 것이다.

비슷한 이치가 신약 시대에도 해당된다. 첫째, 공동체는 사회적·환경적 이유로 인해 재정적 곤란에 처한 이들을 도와야 한다. 바울이 연보 프로젝트를 통해 돕고자 하는 예루살렘 교회는 바로 이런 면에서 궁핍을 겪고 있었다. 초기에는 유무상통의 삶을 추구하던행 4:32 예루살렘 교회였지만, 점차 기본 자산이 고갈됨에 따라 재정적 궁핍을 겪었을 것이고, 후에는 유대 전체에 흉년이 듦으로 말미암아행 11:28 핍절한 상태가 가중되었을 것이다. 헌금은 이처럼 여러 이유로 재정적 결핍을 겪고 있는 성도들을 위해 꼭 필요한 자원이다.

둘째, 신약 시대에 재정적 도움이 필요한 또 다른 대상은 구약 시대와 마찬가지로 종교적인 이유 때문에 별도로 생계를 마련하지 않는(혹은 마련할 수 없는) 일꾼들이다. 바울은 이들에 대해 "이와 같이 주께서도 복음 전하는 자들이 복음으로 말미암아 살리라[생계를 영위하리라] 명하셨느니라"고전 9:14고 하였고, "일꾼이 그 삯을 받는 것은 마땅하다"딤전 5:18; 눅 10:7라고 말했다. 오늘날로 말하자면, '전임 사역자들full-time workers'이 바로 이 부류에 해당할 것이다. 이들을 돕기 위해서는 재정적 후원이 요구되고, 헌금은 이런 목적을 이루어 가기 위한 가장 좋은 방식이라고 할 수 있다.

헌금, 얼마나 드려야 하는가?

이제 우리는 상당히 실제적인 질문에 이르렀다. 헌금에 대한 우리의 입장은 주로 실제적인 문제에 봉착하면서 결정되는 수가 많다. 그러나 헌금에 대해 언급하고 있는 고린도전서 16장 1-2절 말씀에는 "헌금을 얼마나 드려야 하는가?"와 관련하여 "수입에 따라"2절라는 일반적 원칙만 언급할 뿐, 우리가 궁금히 여기는 사항들―'수입'은 경제적 활동의 결과만을 가리키는가? 경제적으로 독립하지 않은 이에게는 '수입'이 무엇을 의미하는가? '수입'을 계산할 때 어떤 항목들이 포함되는가? 얻은 '수입' 가운데 얼마나 많은 양을 헌금에 할당해야 하는가? 주일 예배 때 드리는 것만이 헌금인가? 등등―에 대해서는 구체적으로 밝히고 있지 않다.

그럼에도 불구하고 다음의 두 가지 사항만큼은 주장할 수 있을 것이다. 첫째, 헌금의 원천이 광범위하다는 것, 다시 말해 어떤 종류의 소득이든 헌금의 근거로 여길 수 있다는 것이다. 이 점을 이해하기 위해서는 '수입'의 의미에 대한 탐구가 필요하다. '수입이 생기다'의 헬라어 동사 '**유오도오**εὐοδόω'를 분석하면 '**유**εὖ, 좋은'와 '**호도스**ὁδός, 여행'로 나뉘는데, 이에 기초할 때 '좋은 여행을 허락하다give a prosperous journey', '번영하다prosper'라는 뜻이 된다. 이 말을 우리가 이해하기 쉽도록 바꾼다면, '재물이 생기다', '수입이 발생하다' 정도가 될 것이다. 따라서 이 개념은 경제 행위에 의한 이윤의 증대(협의의 의미)만을 의미하지 않고 그 외에 어떤 경로를 통해서든지 획득한 재정적 소득의 항목(광의의 의미) 전부를 포함한다고 하겠다.[20] 그러므로 독립적으로 경제생활을 영위하는 직업인들의 월급이나 각종 상여금뿐만이 아니라 학생들의 장학금 및 아르바이트 수입, 아이들이 부모에게서 받은 용돈까지도 '수입이 생긴 것'으로 분류할 수 있을 것이다.

둘째, 헌금을 계획성 있게 준비해야 한다는 것이다. 고린도전서 16장 2절에서 '모아 두기'를 권면하는 것은 바로 이 점의 중요성을 시사하고 있다. 우리의 헌금은 즉흥, 변덕, 무계획을 따를 것이 아니라 심사숙고, 헌신, 결단, 계획성에 기초해야 한다. 또 헌금은 삶에 기반을 두고 삶 가운데서 준비해야 하며 개인의 재정 방침과 예산을 좇아 합리적으로 이루어져야 한다. 미국의 크리스천개혁교회Christian Reformed Church 같은 교파는, 각 교회가 예산을 수립하여 총액이 산출되면 그것을 등록 교인 수에 따라 나누고 그 해당 액수를 각 가정이 충당하는 식으로 재정 정책을 세운다. 공동체에 소속된 이들은 누구나 자기 나름대로 재정적 책임을 떠맡아 부과된 액수를 열심히 헌납하는 것이다. 그렇기 때문에 어떤 교우가 여행 등 피치 못할 사정으로 몇 주간에 걸쳐 주일 예배에 빠진다 해도 교회에는 전혀 재정적 어려움이 발생하지 않는다. 사실 목회자들이 교우들의 주일 예배 불참에 신경을 쓰는 이유 가운데 헌금 '유출' 현상도 있음을 고려할 때, 이렇게 계획된 헌금 방침은 매우 지혜롭고 합리적인 한 방법이 아닌가 싶다.

이상의 두 가지 설명이 유익할지는 몰라도, "헌금을 얼마나 드려야 하는가?"에서 '얼마나'의 문제를 다루는 데는 큰 도움이 되지 않는다. 그래서 자기의 수입원 가운데 어느 정도를 헌금으로 충당해야 하느냐의 문제는 아직도 해결되지 않은 채 남아 있다. 어떤 이들은 이 시점에서 '십일조'라는 방안을 제시할 것이다. 나름 일리가 있는 제안이다. 하지만 여기서는 십일조를 유일한 답변으로 채택하지는 않을 것이다.[21] 한 가지 확실한 것은 수입의 10분의 1이라는 기준은 "얼마나?"라는 질문에 대해 하나의 지침이 될 수 있다는 것이다.

그러나 수입의 10분의 1이라는 기준은 탄력성 있게 적용해야 한다. 이와 관련하여 전부터 늘 주장해 오던 대로 3단계적 접근을 추천한다. 첫째 단계는 아직 신앙이 뚜렷이 확립되지 않고 영적으로 암중모색하는 이들을 대상으로 한다. 이들에게는 10분의 1이라는 기준조차 아직 내세우지 않는 것이 좋다(혹 10분의 1의 기준을 설명하더라도 그것에 대해 강요하듯이 주장하지 않는 것이 좋다). 이들에게는 우리가 하나님의 은혜를 입은 자들로서 어떤 식으로든 (아무리 적더라도) 헌금을 해야 한다는 당위성을 각인시켜 주는 것이 목표이다.

둘째 단계는 어느 정도 신앙이 확립되고 하나님의 뜻에 대한 내면적 순종의 기틀이 마련된 이들을 대상으로 한다. 헌금의 액수에 대해 이들이 먼저 질문을 해 오든지, 아니면 재물의 청지기 직분에 대한 교육이 필요해서 목회자가 먼저 설명을 하든지, 수입이 있을 때마다 그 10분의 1은 아예 신앙 공동체를 위한 헌금으로 떼어 놓는 습관이 얼마나 중요한지 확실히 밝혀야 한다.

그러나 성숙한 헌금 생활은 거기서 끝나지 않는다. 아직 셋째 단계가 남아 있다. 셋째 단계는 수입에 대한 비율과 관련해 10분의 1 이상을 하나님께 바치도록 하는 것이다. 신앙 공동체와 세상은 항시 도움의 손길을 기다리고 있고 하나님의 나라는 효과적인 재물 사용을 통해 확장되기 때문에, 가능하면 많은 금액을 바치는 것이 바람직하다. 그 정도는 개인의 신앙과 처지에 따라 달라질 것이다. 하나님께 기꺼이 드리는 것이 전제된다면 헌금 비율이 수입의 15퍼센트든, 20퍼센트든, 아니면 50퍼센트든 무엇이 문제이겠는가?

물론 이러한 헌금 방식은 누가 강요해서 어쩔 수 없이 채택하는 것이 아니다. 또 이렇게 하지 않는다고 해서 우리를 비난할 사람도 없다. 헌금은 순전히 자발적인 것으로서, 누군가의 인정과 칭찬을 듣기 위해 마지못해 하는 위선적이고 허례적인 동기와는 아무런 상관이 없다. 단지 하나님을 기쁘시게 하고 이웃을 돕고자 하는 마음으로부터 우러나오는 행동이다.

헌금, 무엇이 문제인가?

헌금이 이토록 중요하고, 헌금의 의미가 잘 살아날 경우 하나님께 대한 예배 정신과 딱 맞아떨어질 수 있음에도 불구하고, 오늘날 우리가 목격하는 현실은 부당한 규격화와 인위적 안전장치투성이임을 고백하지 않을 수 없다.

그중에서도 가장 바람직하지 않은 일은 헌금자를 공적으로 노출시키는 것이다. 우선, 예배 시간에 헌금자의 이름을 일일이 들어 가며 기도해 주는 경우가 있다. 목회자가 개개인의 신앙적 성숙—헌금 면에서—을 기억한다는 점이나 개개인을 위해 하나님께 기도한다는 점에서는 이러한 방도가 바람직하다고도 할 수 있을 것이다. 그러나 왜 신앙적 성숙의 모습 가운데 하필 재정적인 면만을 그토록 부각시켜야 하는지 의아심이 생긴다. 또 하나님 앞에서 교우들 한 명 한 명을 위해 감사하고 간구하는 일이 필요하다는 것까지는 이해하겠는데, 왜 꼭 그런 기도를 공적 예배에서 해야 하는지, 또 왜 꼭 남들의 시선과 주목을 끄는 가운데 기도해야 하는지는 여전히 납득이 가지 않는다.

더욱 받아들이기 힘든 조치는 주보의 광고란에 빽빽이 헌금자의 이름을 공개하는 일이다. 심지어 어떤 경우에는 명단 옆에 일일이 헌금액을 적기도 한다. 어떤 목회자는 그렇게 해야 헌금의 납부 및 기록과 관련해 헌금자 편에서 착오 여부를 확인할 수 있기 때문이라는 어쩐지 궁색한 답변을 내놓는다. 그러나 정말 계산 및 기록 착오에 대한 염려 때문이라면, 얼마든지 다른 방식으로도 확인할 수 있을 것이다. 헌금자가 헌금 처리를 맡은 제직에게 찾아가 개인적으로 확인할 수도 있고, 교우들 개개인에게 정기적으로 회계 보고를 함으로써도 얼마든지 가능하다. 그런데 무엇 때문에 누가 얼마씩 헌금했는지를 다 볼 수 있도록 공개적으로 수록해 놓았느냐 하는 것이 의문의 핵심이다.

교회들이 그렇게 하는 이유는 결국 교인들에게 체면이나 위신의 측면에서 압박을 주기 위한 것으로 여겨진다. 아무개가 이런 정도까지 헌금을 하고 있으니, 다른 사람들도 그렇게 해야 마땅하지 않느냐는 점잖은 으름장이라고나 할까? 물론 이런 외적 압박 요인도 개인의 헌금 생활을 자극·촉진하는 하나의 방식이 될 수 있다. 또 신앙생활을 처음 시작하는 사람이나 미성숙한 신자들의 경우에는 어느 정도의 외적 자극이 훌륭한 방책이 될 수 있다. 이것은 재정적 헌신에서도 마찬가지이다. 그러나 문제는 이러한 방식이 표준화되고 영속화되어 아예 신앙의 기본 도리인 양 사람들의 마음에 각인이 되고 만다는 점이다. 어느 정도 시간이 지나면 지날수록 더 고상한 동기—하나님의 영광과 이웃에 대한 봉사—에 자극을 받아 하나님께 헌물을 드려야 하는 법이겠건만, 교회가 헌금과 관련하여 저급한 수준의 동기 유발 방식만을 고집하기 때문에 그리스도인들은 점차 체면과 위신 위주의 형식주의적인 헌금 습관에 빠져들게 되는 것이다.

전에는 그리스도인으로 지내다가 현재는 교회에 출석하지 않는 가나안 성도들 가운데 이런 식의 강요된(?) 헌금 때문에 상처를 입고 실족한 경우가 제법 많다. 교회와 목회자를 비난하는 이들이 가장 빈번히 들먹이는 것도 바로 헌금 문제이다. 목표와 동기가 건전해 보이지 않는 헌금 강조 설교, (이제는 전에 비해 많이 줄어든 현상이기는 하지만) 목회자 본인이 말하기 곤란하다고 느낄 때 부흥사나 강사를 초청하여 헌금을 종용하도록 부탁하는 행위, 헌금에 대한 하나님 편에서의 보상을 강조한 나머지 성경적 복 개념을 의도적·우발적으로 왜곡하는 일, 직분의 수여와 헌금액 사이에 존재하는 불편한 상관관계, 헌금 면에서 크게 기여한 이들의 고압적이고 공로주의적인 자세, 때로 목회자 편에서 이들을 특권층으로 여기는 비굴한 모습 등 삼척동자라도 금방 알아챌 안타까운 일들이 헌금과 연관하여 벌어져 왔던 것이다.

헌금과 관련한 우리의 자세

어떻게 하면 그리스도의 몸 된 교회—하나님의 영광을 드러내야 하고 완성될 천국의 아름다움을 앞당겨서 실현해야 할 믿음의 공동체—가 이런 문제들을 극복하고 성숙의 자리로 나아갈 수 있을까? 사실 이 문제가 해결되지 않는다면, 우리가 아무리 주일 예배 때의 헌금이 영과 진리의 예배 정신으로 드려지기를 염원한다고 해도, 그것은 자가당착이 되고 말 것이다. 따라서 그리스도인들은 평소에 헌금과 관련해 올바른 자세가 확립되어 있어야 한다. 그러한 자세를 교우들의 경우와 목회자들의 경우로 나누어 설명해 보겠다.

▿ 교우들에게 필요한 자세

이미 앞("헌금, 누가 드리는가?" 및 "헌금, 누구에게 드리는가?")에서 자세히 설명했듯이, 교우들은 헌금의 중요성과 목적에 대해 가슴 깊이 새기고 있어야 한다. 만일 이런 면에서 신앙적 훈련을 게을리한다든지 교묘히 회피하고자 한다면, 영적 성숙은 결코 이루어지지 않을 것이다. 또 헌금의 정도와 관련하여 3단계 방식("헌금, 얼마나 드려야 하는가?")을 융통성 있게 채택하는 것이 필요하다. 적어도 이 책을 읽을 정도의 그리스도인이라면 2단계와 3단계의 시행자가 되어야 할 것이다.

▿ 목회자들에게 요구되는 역할

헌금의 올바른 정신을 회복하는 데는, 뭐니 뭐니 해도 목회자의 역할이 매우 중요하다. 헌금과 관련하여 목회자의 역할을 정리하면 다음과 같다.

첫째, 가능하면 목회자는 교우들 각자의 헌금 상황에 대해 지나친 호기심과 집착을 버려야 한다. 그렇다고 해서 교우들의 신앙적 성숙—여기에는 헌금 생활도 포함되는데—을 도외시하라는 말은 아니다. 단지 목회자가 교회의 재정 상태에 과도한 책임 의식을 느껴 재정이나 헌금과 연관된 사안들에 대해 과민 반응을 하고, 걱정과 푸념을 일삼으며, 자족과 의연의 모습은커녕 유치한 욕심과 천박한 만족으로 일관할까 봐 걱정이 된다는 말이다. 이 면에서도 미국 교회가 좋은 모범이 될 터인데, 대부분의 미국 교회에서는 목회자가 재정 관리와 집행에 관여하지 않는다. 그들은 목양과 말씀 사역에 전념하고, 재정과 관계된 사항은 다른 직분자들(장로 및 집사)의 몫으로 되어 있다. 우리나라의 모든 교회가 한꺼번에 이렇게 바뀌기는 힘들겠지만, 종국적으로는 이런 방침을 취해야 하며, 또 이를 위해 서서히 이러한 식의 재정 관리 쪽으로 방향 전환을 시도해야 할 것이다.

둘째, 필요한 경우 목회자는 설교, 강의, 제자 훈련 등을 통해 헌금의 중요성과 실행 방침을 교우들에게 주지시켜야 한다. 평소에 교우들이 목회자에 대해서 존경과 신뢰의 마음을 가지고 있다면(예를 들어, 첫째 항목에서 언급한 대로 목회자의 태도가 의연하고 자족의 모습을 견지하고 있다면), 그들은 재물과 관련한 청지기적 자세의 가르침에 대해서 긍정적이고 적극적으로 반응할 것이다.

셋째, 목회자는 헌금을 각출하고 모금할 때 인위적 책략을 줄이도록 힘써야 한다. 헌금에 관한 청지기적 자세에 대해 교우들에게 교육과 훈련은 시키되, 구체적인 결정은 교우들이 하나님 앞에서 자발적으로 할 수 있도록 기회를 베풀어야 한다. 체면, 위신에 의한 외적 압박 때문에 헌금하지 않도록, 누군가가 감시하고 통제하기 때문에 반강제적으로 할 수 없이 헌금하지 않도록, 교우들에게 자유를 주고 책임성을 장려할 필요가 있다. (혹시 이런 자유를 자기 합리화나 이기적 목적에 충당하는 교우들이 있더라도, 그것 때문에 과거의 정책으로 되돌아가자고 고집하는 일은 결코 현명한 처사가 아니다.)

목회자는 이러한 일련의 조치를, 자기 자신 역시 더욱 하나님을 의지하고 하나님만을 올려다보는 훈련의 기회로 삼아야 한다. 걱정과 염려보다는 감사와 간구로써 교회의 재정 문제에 임해야 한다. 재정과 관련한 인본주의적 책략을 꿈꾸기보다는 늘 하나님 앞에 자족하는 순수한 자세를 갖도록 자기 점검의 채찍질을 아끼지 말아야 할 것이다.

넷째, 헌금과 관련하여 목회자는 자신의 마음속에 거룩한 열망과 염원이 형성되도록 해야 한다. 헌금 제도를 통해 그리스도께 영광이 돌아가고, 하나님을 기쁘시게 하며, 신앙 공동체를 구성하는 교우들 사이에 거룩한 교제와 사랑이 넘치기를 바라는 마음이 바로 그것이다. 신앙 공동체인 교회는 재정의 모금과 사용 면에서도 이 세상과 다른, 실로 높은 수준의 윤리의식을 반영할 수 있어야 할 터인데, 바로 이러한 성숙의 모습을 목회자는 마음 깊은 곳으로부터 열망해야 한다.

헌금과 예배 정신

그리스도인의 공동체가—목회자나 교우들이나 모두—앞에서 설명한 이러한 자세를 함양하고 있을 때에야 비로소 예배 시의 헌금은 영과 진리로 드리는 예배 정신에 부합할 수 있을 것이다. 주일 예배 시의 헌금 순서에는 우리 모두에게 다음과 같은 참마음의 토로가 있어야 한다.

- 주여, 주께 감사하며 주의 은혜에 대한 보답으로 이 헌물을 당신께 바치나이다!
- 주여, 헌물은 실상 나 자신을 당신께 드린다는 표시이오니, 이 헌물을 통해서 이 죄인을 제물로 받아 주소서!
- 주여, 이 헌물을 당신께서 향기로운 제물로 받으셨사오니 이 재물이 사용될 때마다 구체적으로 우리 교우들 사이에 사랑이 더 풍성하게 되고, 공동체의 유익과 성도들의 필요를 충족하는 일이 나타나게 하소서!

이러한 마음이 동반될 때 우리의 헌금 순서는 실로 하나님을 영과 진리로 예배하도록 자극할 것이며, 생동적인 예배로의 디딤돌로 작용할 것이다.

7

성례

영적 은혜의 통로

사도행전 2:41-42

[41]그 말을 받은 사람들은 세례를 받으매 이날에 신도의 수가 삼천이나 더하더라. [42]그들이 사도의 가르침을 받아 서로 교제하고 떡을 떼며 오로지 기도하기를 힘쓰니라.

성례는 예배의 다른 순서와 달리 대체로 매주 시행하지는 않는다. 그러나 성례는 기독교 신앙의 본질이 무엇인지를 가시적으로—세례는 입문 단계에서, 성찬은 이후의 신앙 과정 전체를 통해—보여 주는 표지이자 상징체계이다. 그러므로 이번 장에서는 성례가 무엇이고, 영과 진리로 드리는 예배와 어떻게 연관이 되는지 살펴보고자 한다.

'성례'의 의미와 수효

▽ 성례의 의미

'성례聖禮'는 성경에 등장하는 말은 아니고 교회가 채택한 신학적 용어이다. '성례'에 해당하는 영어 단어 'sacrament'는 성스러운 맹세나 약속engagement[1]이라는 의미의 라틴어 '사크라멘툼*sacramentum*'에서 유래했다. 사크라멘툼은 로마 사회에서 아래 두 가지 용례로 사용되었다.[2] 첫째, 법적 소송에 연관된 양편이 신성한 장소에 맡겨 놓는 담보물을 가리켰다. 둘째, 로마 군인이 황제에게 하는 충성을 약속하는 맹세를 가리켰다. 이상의 두 가지 용례가 결합되어 후에는 맹세를 포함하는 어떤 종교의식이든 사크라멘툼이라고 부르게 되었다.

어원을 추적해 보면, 라틴어 사크라멘툼은 헬라어 **무스테**

리온μυστήριον의 번역어이기도 했다. 무스테리온은 숨겨진 실체/실상을 칭하거나 동양적 신비 종교에서 발견되는 성스러운 의식sacred rites을 가리켰다.[3] 그러나 성경에서는 이와 달리 무스테리온(비밀)이 두 가지 내용을 지칭한다. 하나는 하나님의 계획 곧 역사에 나타난 하나님의 목적과 주권성이고, 또 하나는 하나님의 비밀스러운 계획을 드러내는 수단(사물 혹은 상황)이었다.[4]

교회 시대 초기에는 예전적 의식을 빈번히 무스테리온(비밀)으로 묘사했고, 동방 교회에서는 아직도 성찬을 성스러운 비밀들의 경축 행위celebration of the sacred mysteries라고 부른다. 서방의 신학 저술과 예전적 경축 행위에서도 세례와 성찬을 거룩한 비밀들이라고 불렀지만, 좀 더 흔하게 채택된 것은 '성례'라는 용어였다.[5]

영어 사전에는 '성례'가 "참여자에게 영적 은혜를 분여하는 것으로 혹은 영적 유익을 가진 것으로 간주되는 종교의식이나 행위"라고 정의하고 있다.[6] 성례는 외형적이고 가시적인 표지sign로서 내면적이고 영적인 은혜를 나타내는 의식이다. 예배 시에 성례라는 의식을 행함으로써 그리스도인들은 외적 표현을 통해 내적 의미에 참여하는 것이다. 이상의 설명에 의거할 때, 성례에는 다음 세 가지 요소가 포함됨을 알 수 있다.

- **외적 표시**: 물, 떡, 포도주, 의식儀式.

• **내적 의미**: 하나님이 베푸시는 은혜.

• **둘 사이의 결합**: 그리스도인이 믿음을 발휘할 때, 외적 표시를 통해 내적 의미를 경험하게 됨.

∇ 성례의 수효

그렇다면 어떤 종류의 의식이 성례에 해당할까? 이에 대한 답변은 교회의 전통에 따라 크게 두 가지로 대별된다. 먼저 로마 가톨릭교회와 헬라 정교회에서는 성례에 일곱 가지 종류, 즉 칠성사七聖事가 있다고 주장한다.[7]

1. 성세聖洗聖事, baptism: 영혼이 중생하는 일**요 3:5**.
2. 견진堅振聖事, confirmation: 중생한 영혼이 성령을 받는 것**행 8:17, 14:22, 19:6; 히 6:2**.
3. 성체聖體聖事, the Eucharist: 성병聖餠, 성혈聖血에 참여해 그리스도의 몸과 피를 받음**요 6:53-56; 고전 11:23-26**.
4. 고해告解聖事, penance: 영세 이후 지은 죄를 용서받음**약 5:16**.
5. 종부終傅聖事, extreme unction: 죽음에 대비해 남은 모든 죄에서 정결하게 됨**막 6:13; 약 5:14**.
6. 신품神品聖事, ordination: 직분자에 대한 임명**딤전 4:14; 딤후 1:6**.
7. 혼배婚配聖事, matrimony: 결혼 의식**엡 5:32**.[8]

그러나 대부분의 개신교 교파에서는 '세례'와 '성찬'—위의 1, 3에 해당—만을 온당한 성례로 인정한다. 그 이유는 이 두 가지만이 주님께서 직접 제정하신 것이기 때문이다. 우선 세례에 대한 명령을 보자.

마 28:19 그러므로 너희는 가서 모든 민족을 제자로 삼아 **아버지와 아들과 성령의 이름으로 세례를 베풀고**

성찬에 대한 내용은 다음과 같다.

마 26:26-28 [26]그들이 먹을 때에 예수께서 **떡을 가지사** 축복하시고 떼어 제자들에게 주시며 이르시되, **"받아서 먹으라. 이것은 내 몸이니라"** 하시고 [27]또 **잔을 가지사** 감사 기도 하시고 그들에게 주시며 이르시되, **"너희가 다 이것을 마시라. [28]이것은 죄 사함을 얻게 하려고 많은 사람을 위하여 흘리는 바 나의 피 곧 언약의 피니라.**

위의 두 가지 성례는 예루살렘 교회가 처음 출발할 당시에도 언급되어 있다.

행 2:41-42 [41]그 말을 받은 사람들은 **세례를 받으매** 이날에 신도의 수가 삼천이나 더하더라. [42]그들이 사도의 가르침을 받아 서로 교제하고 **떡을 떼며** 오로지 기도하기를 힘쓰니라.

영국 성공회의 경우에는 성례의 수효와 관련하여 중간 입장을 취한다. 즉, 성례의 전체 항목은 일곱 가지로 보되 '세례'와 '성찬'만 그리스도께서 제정하신 것으로 인정하고, 나머지 다섯 가지는 '교회의 성례sacraments of the church'라고 부른다.[9]

성례 1. 세례

▽ 세례의 의식적 배경

세례가 그리스도인 공동체의 성례 의식으로 자리 잡는 데는 그리스도 이전의 종교적 관례나 행습들이 모델 비슷한 역할을 했다. 무엇이 그런 관례나 행습에 해당될까? 네 가지 사항을 언급하고자 한다.[10]

첫째, 율법에 규정된 의식적 세척 행위ritual washing이다. 유대인들은 시체, 피, 무덤, 부정한 짐승 등과의 접촉에 의해 의식적으로 부정하게 될 때, 물로 온몸을 씻어야 했다레 15:28-30. 이는 하나님과의 깨진 관계를 다시금 정립할 수 있도록 하기 위함이었다. 구약 시대의 정결 관념은 의식적인 것 외에 도덕적 상태까지도 포함했다시 51:7; 사 1:16; 겔 36:25; 슥 13:1 등.

둘째, 이스라엘 백성들 가운데 일부 분파는 거룩한 백성을 확보하기 위해 빈번히 세례에 의한 정화 방식을 채택했다. 대표적 예가 에센파였는데, 이런 방도를 통해 의식적으로 또 도덕적으로 정결한 백성을 모으고자 하였다.

셋째, 이방인이 입교할 때 요구되는 침수식浸水式, immersion도 한몫했을 것이다. 이방인이 유대교에 입교하려면, 서기관에 의한 교훈, 할례, 침수식, 짐승 제사, 이 네 가지가 필요했다. 그 가운데 침수식은 입교자가 새로운 신분으로 거듭났음을 상징했다.

넷째, 세례 요한이 베푼 회개의 세례가 있다. 이것은 메시아의 오심을 준비한다는 의미에서 죄를 회개하고 사죄를 받도록 하기 위해 베풀어진 것이다**막 1:4**. 물론 이러한 세례 의식은 한시적限時的으로만 시행되었다.

이상의 네 가지 의식은 기독교적 세례가 있기 전에 존재하던 것으로, 그들 사이에는 어느 정도의 형식적 유사성이 존재한다. 그렇다고 하여 기독교의 세례가 그 어느 것에 의해 결정적인 영향을 입었다는 말은 아니다. 단지 초창기 기독교 세례의 수세자들이 볼 때 세례가 아주 낯설거나 생경한 의식은 아니었다는 점을 깨우치려는 것이다.

▽ 세례의 의미

신약 성경에 나타난 세례의 의미는 크게 세 가지로 정리가 된다. 첫째, 세례는 삼위 하나님의 소유가 되어 하나님과의 생명에 참여한다는 의미가 있다.

마 28:19 그러므로 너희는 가서 모든 민족을 제자로 삼아 **아버지와 아들과 성령의 이름으로 세례를 베풀고**

위의 구절에서 "이름"은 복수형인 '이름들'이 아니라 '이름'으로서 성부, 성자, 성령께서 한 분 되심을 나타내 주고 있다. 또 '이름으로'에서 '으로'는 '~속으로into'라는 뜻의 전치사이다. 그래서 세례를 받는 이는 삼위 하나님 '속으로 들어가는', 즉 삼위 하나님의 소유가 되어 하나님과의 생명적 교제에 들어가는 것이다.

둘째, 세례는 예수 그리스도와의 연합을 나타낸다.

롬 6:3-4 [3]무릇 **그리스도 예수와 합하여 세례를 받은 우리는 그의 죽으심과 합하여 세례를 받은 줄**을 알지 못하느냐? [4]그러므로 **우리가 그의 죽으심과 합하여 세례를 받음으로 그와 함께 장사되었나니** 이는 아버지의 영광으로 말미암아 그리스도를 죽은 자 가운데서 살리심과 같이 우리로 또한 새 생명 가운데서 행하게 하려 함이라.

골 2:12 **너희가 세례로 그리스도와 함께 장사되고** 또 죽은 자들 가운데서 그를 일으키신 하나님의 역사를 믿음으로 말미암아 **그 안에서 함께 일으키심을 받았느니라.**

세례는 수세자受洗者의 참된 믿음이 전제될 경우, 그리스도와의 죽음, 장사 지냄, 부활에의 연합이라는 영적 실상을 나타낸다.

셋째, 세례는 또 그리스도의 몸—교회—으로의 병입併入, incorporation을 표시한다.

고전 12:13 **우리가 유대인이나 헬라인이나 종이나 자유인이나 다 한 성령으로 세례를 받아 한 몸이 되었고** 또 다 한 성령을 마시게 하셨느니라.

갈 3:27-28 [27]**누구든지 그리스도와 합하기 위하여 세례를 받은 자**는 그리스도로 옷 입었느니라. [28]너희는 **유대인이나 헬라인이나 종이나 자유인이나 남자나 여자나 다 그리스도 예수 안에서 하나이니라.**

세례를 받는 이들은 그들의 인종적·사회적·성적 신분과 무관하게 모두가 그리스도의 몸에 병입되고, 따라서 그리스도의 한 몸을 구성하게 되는 것이다.

▽ 세례 의식과 예배 정신

오늘날 우리의 교회 생활을 살펴보면 세례와 연관된 의식이 네 가지로 존재함을 알 수 있다. 첫째, '유아 세례infant baptism'가 있다. 유아 세례의 정당성에 대해서는 찬반론이 팽팽히 맞서 왔다. 예를 들어, 침례교회는 '신자 세례believer's baptism'—세례는 수세자 자신의 명확한 의식과 신앙적 반응이 있어야만 베풀 수 있다는 입장—를 근본으로 내세우기 때문에 유아 세례를 반대한다. 그러나 장로교회를 비롯한 그 외의 교파에서는 대체로 유아 세례를 인정하는 입장이다. 그런데 유아 세례를 반대하는 입장의 교회에서도 때로 '헌아식dedication ceremony'을 갖는데, 이는 그 아이를 선물로 주신 것에 대한 감사와 하나님께 바친다는 헌신의 마음을 표하기 위함이다.

둘째, '입교confirmation'이다. 가톨릭교회에서는 이 의식을 '견진'이라고 부르는데, 이것은 사제가 영세를 받은 아이에게 안수를 하고 성령을 받도록 도움으로써 그의 신앙을 견고히 한다는 뜻이다. 이와 달리 종교개혁자들은 유아 세례를 받은 아이가 한시바삐 자신의 신앙을 공적으로 표명하는 기회를 마련하도록 하기 위해 입교라는 의식을 허락했다.

셋째, '학습catechumenate'을 베풀기도 한다. 이것은 세례받기 전에 신앙의 기본 도리를 교육받도록 조치하는 의식이다. 초대교회 때는 학습자가 거쳐야 할 신앙 교육 단계가 매우 복잡하고 자세했지만, 유아 세례가 보편화하면서부터 상당히 간소화되었다. 그리고 본격적인 학습 교육은 오히려 유아 세례를 받고 난 이후의 아동들에게 베풀어졌다. 물론 성인 세례의 대상자에게는 여전히 학습 단계가 중요한 예비 과정이 아닐 수 없다.

넷째, 세례—곧 '성인 세례adult baptism' 의식—이다. 이것은 나이가 들어서 그리스도를 믿고 따르기로 결심한 이들에게 베풀어진다.

이러한 유아 세례나 입교, 학습 및 성인 세례의 순서는 대부분의 경우 전시적展示的이고 행사적 성격이 강하다. 사람들은 수세자를 앞에 놓고 참관하고 축하해 준다. 예배가 끝나자마자 꽃을 전달하고 사진을 찍기도 한다. 우리는 이러한 공동체적 행사로 인해 흐뭇하고 뿌듯해한다. 그러나 바로 여기에 문제의 소지가 있다. 많은 경우 세례 의식 또한 성례의 일종임을 잊기 때문에 그저 공동체적인 행사 분위기에 휩쓸리고 마는 것이다. 그러므로 집례자, 수세자, 예배 참석자 모두는 하나님 앞에서 의식을 거행하기도 하고 집행하기도 하며 또 참관하기도 하는 것임을 기억해야 한다.

다시금 강조하거니와 교우들은 세례와 연관된 의식을 참관하면서 시종일관 간구와 기도로써 마음의 끈을 조여야 한다. 유아 세례를 받는 아기들이 한시라도 빨리 구원의 은혜를 깨닫고 신앙적으로 성숙하기를 간원하며, 그들의 부모가 말씀과 인격적 영향과 올바른 가치관으로써 자녀들에게 모범을 보이도록 기구祈求하면서 의식에 참여해야 할 것이다. 또한 입교한 이들이 자기가 배우고 고백한 신앙 가운데 잘 성장하도록, 세상의 반역적 풍조와 소용돌이 속에서도 건전하고 의연한 그리스도인으로 우뚝 서게 해 달라고 기도하는 가운데 의식에 임해야 한다. 학습을 받도록 공표된 대상자들이 지속적으로 말씀을 깨닫고 신앙의 도리를 터득하도록 간구해야 할 것이며, 세례받은 성인들 역시 세례 의식이 상징하는 영적 실상—하나님과의 생명에 참여마 28:19, 그리스도와의 연합롬 6:3-4; 골 2:12, 그리스도의 몸에 병입됨고전 12:13; 갈 3:27-28—을 충분히 누리도록 진심으로 간원하는 자세가 요구된다.

이것이 영과 진리의 예배 가운데 세례의 의미를 역동적으로 살려 내는 길이라고 하겠다.

성례 2. 성찬

∇ 성찬과 관계된 용어들

성찬은 세례와 달리 그 의식과 관련하여 다양한 용어가 존재한다. 그 용어들을 정리하면 다음과 같다.

주의 만찬 Lord's Supper: 이 명칭은 개신교인, 특히 복음주의적인 그리스도인들 사이에서 가장 많이 통용되고 있다. 이 말은 고린도전서 11장 20절—"그런즉 너희가 함께 모여서 **주의 만찬**을 먹을 수 없으니"—에서 그 출처를 찾을 수 있다. 비슷한 어구로서 **주의 식탁**고전 10:21, **떡을 뗌**행 2:42, 20:7 등의 표현이 성경에서 발견된다.

축사祝謝, Eucharist: '유카리스트'는 '감사'라는 뜻의 헬라어

'유카리스티아εὐχαριστία'에서 유래한 말로서, 마태복음 26장 27절 및 고린도전서 11장 24절에 나타난다. 이는 예수께서 최후의 만찬 시 떡과 잔을 나누기 전에 하나님께 감사하기 위해 사용한 단어인데, 한글 성경에는 '축사'로 번역되어 있다. 유카리스트가 성찬을 지칭하는 용어로 처음 언급된 것은, 기독교 초기(1세기 말이나 2세기 초두)의 문서인 《디다케*Didache*》, 속사도 교부인 이그나티우스Ignatius of Antioch, ?-98/117와 조금 후기 인물 유스티누스Justin Martyr, 100?-165?의 글에서이다.[11] '성찬'을 유카리스트로 부르는 관습은 2세기 이후부터 오늘날까지 지속되어 온 서양 기독교—로마 가톨릭과 일부 개신교—의 전통이다.

성찬Holy Communion : 한국의 그리스도인들이 즐겨 사용하는 단어 '성찬'은 영어의 'Holy Communion'에서 비롯된 것으로 보인다. 'Holy Communion'에서 대문자로 표기되는 'Communion'은 헬라어 코이노니아κοινωνία에 해당하는 말이다. 코이노니아는 신약에서 다양한 의미를 가지고 있지만, 현재 논의 중인 개념을 나타내는 표현은 "우리가 축복하는 바 축복의 잔은 그리스도의 피**에 참여함**이 아니며 우리가 떼는 떡은 그리스도의 몸**에 참여함**이 아니냐?"고전 10:16에 나타난다. 한글 성경의 "~에 참여함"은 코이노니아로서 '~와의 교통'을 뜻한다. 따라서 'Holy Communion'은 직역하자면 '거룩한 교통'으로서, 일차적으로는 성찬 참여자들끼리의 교통을, 궁극적으로는 그들을 위해 죽으신 그리스도와의 교통을 나타낸다.[12]

'성찬'이 한국 그리스도인들 사이에 널리 통용되는 것과는 달리, 서양의 경우에는 'Holy Communion'이 주로 성공회와 연관하여 등장하는 것으로 추정된다.[13]

미사Mass: 로마 가톨릭의 성찬 의식을 가리키는 말이다. 영어의 '매스Mass'는 라틴어 '미싸Missa'에서 왔고, 한국어의 '미사'나 중국어의 '미살彌撒' 역시 라틴어를 음역音譯한 것이라고 할 수 있다. 라틴어 '*Missa*'는 동사 '미테레*Mittere*'에서 파생되었는데, '보내다', '떠나보내다', '파견하다'라는 뜻을 가지고 있다. 로마 시대 일반 사회에서는, 재판이 끝나든지 황제나 제후와의 알현이 끝날 때 '이테, 미싸 에스트*Ite, Missa est*'(가시오. 업무가 끝났소)라는 표현을 즐겨 사용했다. 초기의 교회는 이런 습관을 받아들여 주님의 몸과 피를 기념하는 의식이 끝났음을 알리는 데 이 어구를 채택했고, 후에는 '*Missa*'라는 단어 하나로 이런 의미가 나타나도록 했다.[14]

오늘날 미사는 로마 가톨릭교회의 제사 의식을 가리키는 용어가 되었고, 미사의 핵심은 결국 성찬이지만 여기에 여러 가지 연관되는 순서들—회개, 성경 봉독, 찬양, 강론, 예물 봉헌, 성찬 기도 등—이 추가되었다.[15]

▿ 성찬의 역사적 개진

오늘날 예배에서 집전되는 성찬 의식은 어떤 과정을 거쳐 현재의 모습을 띠게 된 것일까? 이 질문에 대한 답변을 위해,

성찬의 발전 과정을 예수 그리스도의 다락방 사건 이전부터 시작하여 교회 역사에서의 전개 양상에 이르기까지 개략적으로 소개하고자 한다.

그리스도 이전의 종교의식

비록 성찬이 예수 그리스도의 교훈과 사역으로 말미암아 유례없이 독특하게 수립되었지만, 그렇다고 하여 그리스도 이전에 형식상 비슷한 의식이 전무했다는 뜻은 아니다. 두 가지 배경이 거론되곤 한다.[16]

첫째, 그리스 및 로마 종교에는 여러 유형의 종교적 식사religious meals가 있었다. 종교 집단 내에서 구성원끼리의 친교를 표현하거나 종교의 창시자 혹은 후원자를 기념하기 위해서 공동으로 식사를 했다. 또 어떤 신이 그 자리에 함께 있다고 여길 때 벌이는 공동 식사도 있었다. 물론 이런 식사 모임과 다락방에서의 만찬 사이에 존재하는 유사성은 매우 표면적이고 피상적인 성격의 것이다.

둘째, 유대교 내에 존재해 온 오랜 종교적 전통이 있었다. 시내산에서 모세를 중개자로 하여 언약을 체결한 후, 모세·아론·나답·아비후와 이스라엘 장로 70인은 하나님 앞에서 공동으로 식사 순서를 가졌다출 24:3-11. 그리고 무엇보다도 다락방 식사는 유월절 만찬의 일환으로 이루어졌다출 12:3-9; 신 16:1-8; 마 26:17-19; 막 14:12-16; 눅 22:7-13. 또 유대인들은 매주 안식일 전날 종교적 의식을 겸한 저녁 식사 시간을 가졌다. 유대교 내의 이러한 식사 전통이 이방 종교의 경우보다는 다락방 만찬에 가깝지만, 그래도 후자의 역사적·종말론적 특징을 반영하기에는 한참 미흡하다고 하겠다.[17]

예수 그리스도의 제정

예수 그리스도께서는 최후의 유월절 식사이자 최초의 성찬식에서 이렇게 말씀하셨다.

> **눅 22:15, 19-20** [15]이르시되, "내가 고난을 받기 전에 너희와 함께 이 유월절 먹기를 원하고 원하였노라 … [19]또 **떡을 가져 감사 기도하시고 떼어** 그들에게 주시며 이르시되, "**이것은 너희를 위하여 주는 내 몸이라**. 너희가 이를 행하여 나를 기념하라" 하시고 [20]저녁 먹은 후에 **잔도 그와 같이 하여** 이르시되, "**이 잔은 내 피로 세우는 새 언약이니 곧 너희를 위하여 붓는 것이라**."

이러한 의식은 초기 신앙 공동체에서도 여전히 지켜지고 있었다.

> **고전 11:23-26** [23]내가 너희에게 전한 것은 주께 받은 것이니 곧 주 예수께서 잡히시던 밤에 떡을 가지사 [24]축사하시고 떼어 이르시되, "**이것은 너희를 위하는 내 몸이니 이것을 행하여 나를 기념**

하라" 하시고 [25]식후에 또한 그와 같이 잔을 가지시고 이르시되, **"이 잔은 내 피로 세운 새 언약이니 이것을 행하여 마실 때마다 나를 기념하라**" 하셨으니 [26]너희가 이 떡을 먹으며 이 잔을 마실 때마다 주의 죽으심을 그가 오실 때까지 전하는 것이니라.

초대교회의 상황

초대교회에서는 예수께서 제정하시고 명하신 바에 따라 성찬 의식을 의미 있게 지켰다. 그리스도인 공동체가 다 함께 모여 음식을 나누었는데, 이 당시에는 의식으로서의 '성찬'과 친교로서의 '애찬love feast/agape'이 분화되지 않았다. 또 음식을 나누는 시간도 저녁의 만찬을 중심으로 이루어졌다. 바울이 드로아에서 떡을 뗀 후 강론이 밤중까지 지속되었다는 것행 20:7은, 이런 배경을 이해하면 쉽게 납득할 수 있다.

그러나 이런 식의 소박한 교제 형태는 오래가지 못했다. 적어도 네 가지 이유 때문에 그랬다. 첫째, 음식 및 공동 식사를 통하여 종교적 의미를 발현한다는 것이 이방의 환경에서는 여의치 않았다. 이방의 축제 분위기에 익숙해진 로마 사회에서는 사람들이 모여 먹고 마시면서 성찬이 갖는 영적 의미를 반영하기가 무척 힘들었던 것이다.[18]

둘째, 신앙 공동체 내부의 문제가 점점 악화되어 곪아 터졌기 때문이다. 고린도 교회만 하더라도 이미 심각한 문제가 드러났다. 바울은 "너희의 모임이 유익이 못되고 도리어 해로

움이라"고전 11:17라고 꾸짖었는데, "이는 먹을 때에 각각 자기의 만찬을 먼저 갖다 먹으므로 어떤 사람은 시장하고 어떤 사람은 취했기"고전 11:21 때문이며, 또 저희가 "하나님의 교회를 업신여기고 빈궁한 자들을 부끄럽게 했기"고전 11:22 때문이었다. 이런 문제는 비단 고린도 지역만의 특수 상황이 아니고, 이방 지역에 있는 대부분의 교회에 생긴 문제였을 것이다.

셋째, 이런 식의 거창한 공동 식사는 기독교의 실체를 원치 않게 노출시켰기 때문에 문제가 되었다. 당시 로마 사회는 여러 가지 비밀 결사나 협회 등의 사적 조직을 규제했는데,[19] 그들이 보기에는 기독교도 이런 비밀 조직 가운데 하나였다. 또 그런 이유로 인해서 기독교는 심한 박해 상황에 처해 있었다. 만일 성찬을 만찬식으로 계속 시행한다면 이는 고난과 역경을 자초하는 어리석기 짝이 없는 일이었을 것이다.

넷째, 교우들이 함께 식사를 하는 데 필요한 물자를 조달하는 일 또한 만만치 않았을 것이다.[20] 그리스도인의 수가 적을 때는 이 점이 큰 어려움을 끼치지 않았을 터이지만, 수가 늘어나면서 필요한 음식의 양 또한 엄청났을 것이다. 설령 필요한 만큼의 음식이 조달되었다 해도, 식사 준비, 음식 장만, 배분 및 뒤처리 등도 보통 이상의 골칫거리였을 것이다.

그 후 빠르게는 이미 2세기 중엽까지 교회의 성찬 의식에는 상당한 변화가 찾아왔다. 유스티누스의 글[21]을 살펴보면 크게 두 가지 면에서 변화가 있었음을 알 수 있다. 첫째, 성찬의 행위(떡과 포도주를 취함, 이것들에 대해 기도함, 떡을 뗌, 떡과 포도주를 배분함)가 공동 식사와 분리되었다. 둘째, 성찬 시간이 주일 저녁에서 이른 아침으로 옮겨졌고, 성찬 의식은 말씀과 기도 이후에 갖는 예전적 순서가 되었다. 결국 3세기 중반부터는 교회 전반적으로 애찬과 성찬이 완전히 분리된 채 별도의 의식으로 시행되었다.[22]

중세 이후의 변화

성찬은 계속해서 기독 공동체의 핵심적 의식으로 부각했고, 교회가 중세 초기쯤에 이르자 성찬과 관련하여 서로 다른 두 가지 양상을 강조하게 되었다.[23] 첫째, 성찬의 공동체적 측면을 부단히 역설하였는데, 이는 이러한 공동 식사 사건meal-event이 그리스도의 임재를 경험하는 수단이라고 여기기 때문이었다. 혹시 의식에 빠진 이들이 있으면 이들에게 떡과 포도주가 전달되도록 조치한 것도 이런 생각을 반영해 준다. 그러나 둘째, 식사할 때 취하는 음식을 그리스도께서 임재하시는 좌소座所로 여겨 점차 떡과 포도주 자체를 중시하기 시작하였다. 이런 요소들이 그리스도의 임재를 효과적으로 이루어 낸다고 생각하자, 이 요소들을 봉헌하는 일이 초미의 관심사가 되었다. 특히 4세기에는 콘스탄티누스 대제가 회심 후 기독교를 국교로 선포했는데, 이것을 계기로 교회의 회원 수가 엄청나게 증가한 반면에 지역 교회는 친밀한 공동체로서의 의식을 상실하고 말았다. 따라서 이제는 공동체의 식사 사건보다는 떡과 포도주 자체를 봉헌하는 데 성찬의 초점이 맞추어졌다.

시간이 흐를수록 그리스도의 죽음은 하나님께 바치는 완전한 제사로 간주되었고, 성찬은 그러한 제사를 반복적으로 재연하는 유일무이한 의식으로 이해되었다. 그러한 사상의 중심에는 떡과 포도주가 참으로 예수 그리스도의 몸과 피로 변화한다는 신념이 자리 잡고 있었다. 떡과 포도주에 그리스도께서 사실적으로 임재하신다는 교리는 상징(떡과 포도주)과 상징하는 바(그리스도의 몸과 피) 사이의 정확한 상응 이론으로 설명이 가능하다.[24] 첫째, 가시적인 표지를 통해 초자연적인 실재와 비가시적인 은혜 및 신적 생명이 분여된다는 생각이다. 둘째, 어떤 성격의 변화에서는 표지가 바뀌어 실재로 전환한다는 주장이다. 이 두 가지 사상이 연접해서 로마 가톨릭의 성찬관을 산출했다.

그러나 이러한 성찬 교리의 발전이 신자들에게 신앙적 활성화를 일으키지는 못했다. 많은 신자들은 신앙의 내용에 대해 극히 제한적으로만 이해하고 있었고 성찬과 관련해서도 미숙한 행동을 연출하곤 했는데, 이 때문에 성직자 계층에서는 성찬에 임할 때 합당한 마음 자세가 요구됨을 강조했다. 그러자 그들이 의도한 바 좀 더 경건한 태도가 마련되기는커녕 오히려 신자들 편에서의 자격지심을 촉발하여 아예 성찬을 멀리하게 만들었다.

중세 말기에 이르러서는 대부분의 사람들이 일 년에 한두 번 정도만 성찬을 받았고, 성찬을 받지 않은 채 의식에 참여하는 일이 일상화되기도 했다. 그리하여 성찬은 원래처럼 하나의 식사—하늘의 음식이요 생명의 수단요 6:51-58—로 간주되기보다는 오히려 그 자체가 신앙적 헌신의 대상으로 격상되었다. 성찬식의 시각적 드라마화—떡과 포도주가 사제의 봉헌 행위를 통하여 그리스도의 몸과 피가 된다는 것—로 말미암아 떡과 포도주는 멀리서 경배는 할지언정 가까이 나아갈 수는 없는 대상이 되고 말았다.[25]

종교개혁 시대

종교개혁자들은 신약에 나타난 성찬의 의의를 회복하고자 노력을 기울였다. 그리하여 떡과 포도주를 통해 그리스도께서 우리를 위해 돌아가신 것을 감사하고 기념하는 일이 성찬의 핵심이라고 가르쳤다. 그리스도께서 어떤 식으로든 제물로 드려진다든지 떡과 포도주 자체에 무슨 변화가 생긴다든지 하는 주장에 대해서는 부정적인 입장을 취했다. 또 합당한 마음 자세로 떡과 포도주를 받는 이들에게만 그리스도께서 임재하신다는 사실을 강조했다.[26]

∇ 성찬과 그리스도의 임재

오늘날 성찬의 의미는 신학적 입장에 따라 크게 세 가지로 대별된다. 즉, 성찬 의식이 베풀어질 때 그리스도께서 어떻게 임재하신다고 생각하느냐에 따라 그 입장이 달라진다. 나는 장로교 목사로서 세 번째 입장을 지지하지만, 기독교 전체의 입장을 일별하기 위해 세 가지 견해 모두를 소개하고자 한다.

화체설化體說, transubstantiation : 화체설은 로마 가톨릭의 공식 입장이다. 이들은 예수께서 "이것이 내 몸이라" "이것이 내 피라" 하신 것을 문자적으로 받아들인다. 따라서 떡과 포도주는 사제의 봉헌 기도 직후 그리스도의 몸과 피로 변화한다고 주장한다. 화체설에 의하면 성찬과 관련한 그리스도의 임재는 '신체적physical'인 것이 된다.

공재설共在說, consubstantiation : 공재설은 루터파의 성찬관으로서 성찬 시에 그리스도인은 물질적 요소—떡과 포도주—와 인격적 요소—그리스도의 몸과 피—를 함께 경험한다는 주장이다. 비록 떡과 포도주 자체에 무슨 변화가 생기는 것은 아니지만, 동시에 떡과 포도주 **안**에, 그리고 그 **밑**에, 그리고 그것들과 **함께**, 그리스도의 몸과 피를 포함하여 전인격이 신비스럽고 기적적인 방식으로 임재하신다고 주장한다. 공재설에서는 그리스도의 임재를 **장소적**local 인 것으로 이해한다.

영적 효능설spiritual efficacy : 영적 효능설은 칼뱅의 입장을 나타내는 것으로서 이 입장에 대한 공인된 명칭은 없다. 칼뱅은 성찬 시에 그리스도께서 신체적으로나 장소적으로 임재하지는 않으시지만, 그럼에도 불구하고 신자들은 그리스도의 전인全人을 향유할 수 있다고 주장한다. 즉, 그리스도의 몸과 피가 성찬에 임재하지 않고 오직 하늘에만 장소적으로 임재할지라도, 신자가 성찬에서 떡과 포도주를 받을 때 그에게는 생명의 감화력이 전달된다는 것이다. 이러한 해석은 오늘날 장로교의 공식 입장이다. 칼뱅에 따르면, 성찬 시 그리스도의 임재는 '실효적virtual'—비록 그리스도의 몸과 피가 문자적으로 현존하는 것은 아니지만 그러한 문자적 현존으로 말미암아 산출되는 영적 유익은 **거의 그대로**virtually 누릴 수 있다고 주장한다는 점에서—인 것이다.[27]

▿ 성찬과 예배 정신

성찬식에서 최대의 영적 유익을 얻으려면 집례자에게나 참여자에게나 합당한 마음 자세가 요구된다.

성찬을 준비하면서

성찬에 참여하는 이들은 어떤 예비 과정을 거쳐야 할까? 바울이 고린도 교회의 성도들에게 베푼 권면은 오늘날 우리에게도 여전히 유효하다.

고전 11:28 사람이 **자기를 살피고 그 후에야** 이 떡을 먹고 이 잔을 마실지니

자기를 살핀다는 것은 자신의 부족한 모습을 하나님의 면전에서 면밀히 점검해 본다는 의미이다. 시편 기자인 다윗의 태도가 이에 해당한다.

시 19:12 자기 허물을 능히 깨달을 자 누구리요? **나를 숨은 허물에서 벗어나게** 하소서!

시 139:23-24 [23]하나님이여! **나를 살피사 내 마음을 아시며 나를 시험하사 내 뜻을 아옵소서!** [24]**내게 무슨 악한 행위가 있나 보시고** 나를 영원한 길로 인도하소서!

이렇게 철저한 자기 점검의 기회를 마련하기 위해서는 성찬식을 앞두고 최소 하루라도 전에 하나님 앞에서 개인적인 자기 성찰의 시간을 가져야 한다. 아마도 이것을 연장된 경건의 시간extended Quiet Time이라고 할 수 있을 것이다. 이때 한 끼 정도 금식을 병행하는 것도 적당한 훈련이 아닐까 싶다.

성찬에 참여하는 동안

성찬에 참여하는 동안 우리에게는 이런저런 이유로 시간적 여유가 주어진다. 교우들에게 분병과 분잔을 할 동안의 묵상 시간, 떡과 포도주를 들기 직전이나 들고 나서의 기도 시간 등이 그러하다. 이때 성찬에 참여하는 이들은 다시금 성찬의 의의를 곱씹어야 할 것이다. 첫째, 주께서 나와 우리를 위해 죽으셨음을 생각해야 한다. 나를 향한 주님의 사랑을 되새기고 그에 대해 감사하는 것이 필요하다.

둘째, 우리가 그리스도와 연합함으로써 그리스도로 말미암아 허락된 영적 유익들을 묵상해야 한다. 특히 몸이 떡과 포도주에 의해 양분을 공급받고 신선한 힘을 얻듯이, 믿음을 통하여 그리스도의 몸과 피를 받은 우리의 영혼 또한 영적 생명력으로 넘치게 되는 것임을 기억해야 한다.

셋째, 성찬을 통하여 다른 지체들과의 연합 의식이 더욱 구체화되고 실제적이 되도록 기도해야 한다. 그들은 나와 마찬가지로 같은 구세주의 떡과 포도주를 나눠 받은 하늘의 식구들이기 때문이다.

성찬의 의의가 상기한 마음의 태도를 좇아 활성화될 때, 영과 진리의 예배 또한 그 영광스러운 본질을 드러낼 것이다.

8

축도

은혜와 사랑과 교통의 복

민수기 6:22-26

[22]여호와께서 모세에게 말씀하여 이르시되, [23]"아론과 그 아들들에게 말하여 이르기를, '너희는 이스라엘 자손을 위하여 이렇게 축복하여 이르되, [24]여호와는 네게 복을 주시고 너를 지키시기를 원하며 [25]여호와는 그의 얼굴을 네게 비추사 은혜 베푸시기를 원하며 [26]여호와는 그 얼굴을 네게로 향하여 드사 평강 주시기를 원하노라 할지니라' 하라."

이번 장에서는 예배 순서 가운데 맨 마지막에 등장하는 '축도'에 대해서 알아보도록 하겠다.

축도란 무엇인가?

▿ 어의적 고찰

'축도祝禱'란 문자 그대로 '축복하는 기도'이다. 축도를 뜻하는 영어 단어 '베네딕션benediction'은 라틴어 동사 '베네디시테*benedicite*에서 유래한 것이다. 베네디시테는 '베네디케레*benedicere*'의 2인칭 복수 명령형인데, '*bene*(well)'와 '*dicere*(say)'의 합성어로서 '행복을 빌다wish well to', '축복하다bless'라는 뜻을 가지고 있다.

▿ 통상적 이해

옥스퍼드 영어 사전에는 '축도benediction'가 두 가지로 설명되어 있다.[1]

1. 축복의 발언; 지복至福, 번영 등을 교회의 예배 끝에, 대수도원장의 임직 시에, 혹은 식탁 기도의 내용으로서 경건하게 또는 공식적으로 기원하는 일.

2. 회중이 성체 축성식聖體祝聖式으로써 축복을 받는 로마 가톨릭의 예배 형식.

∇ 예전적 맥락

축복 행위는 인간이 누구를 축복의 대상으로 삼느냐 하는 데 따라 두 경우가 가능하다. 먼저 인간이 하나님을 축복하는 경우가 있다. 이런 경우, 한글 개역성경에는 '송축하다'로 번역되어 있다시 103:1, 20-22, 104:1, 35, 145:1-2 등. 또 인간이 인간을 축복하는 경우가 있다. 흔한 예로서 종교 지도자 편에서 일반 백성들에게 복을 비는 일민 6:23-26; 삼상 2:20; 대하 6:3이 여기에 속한다. 오늘날에는 예전적 목적 때문에 축복이 채택되곤 하는데, 로마 가톨릭교회에서는 성찬식과 관련하여, 개신교에서는 예배의 마감과 관련하여 등장한다.

축도에 대한 황당한 주장들

한국 교회에서 '축도'와 관련하여 유행하는 생각이나 주장들은 어느 시대 어느 지역에서도 유례를 찾아보기 힘든, 참으로 희한한 것이다. 단적인 예로, "예배를 드려도 축도를 안 받으면 예배 드리나마나다" 혹은 "축도를 받지 않고 나간 성도

○○○ 씨가 봉변을 당했다" 등의 말이 공공연히 나도는 것을 보아 곧 그 형편을 짐작할 수 있다. 이러한 풍조가 만연하게 된 데는 다음과 같은 세 가지 요인이 함께 작용했기 때문이 아닌가 싶다.

첫째, 현세주의적이고 범속적인 복 개념 때문이다. 복의 핵심을 구원의 은택에서 찾지 않고 건강, 자녀 출산, 윤택한 경제생활, 사업 번창, 승진과 취직, 자녀 진학, 소원 성취 등과 연관시키는 것이 일상화되어 있다. 교우들이 감사 헌금을 하는 이유가 주로 이런 사항들 때문이고, 목회자가 교우들에게 복을 빌 때 빈번히 등장하는 기원 내용 또한 대부분 이런 내용들로 구성되어 있음을 심심찮게 발견한다. 또 교우들이 건물이나 주택을 구입하면서, 사업장을 시작하면서 목회자의 축복을 기대하는 심리 역시 이런 경향과 연관 지어 설명할 수 있을 것이다.

둘째, 하나님에 대한 인식이 그릇된 방향으로 고착되었기 때문이다. 그리스도인들 가운데 꽤 많은 이들은 신앙의 대상인 하나님을 살아 계신 아버지이시며 의로운 통치자로 이해하기보다는 그저 인간의 길흉화복을 임의적이고 변덕스럽게 주관하는 막연한 신적 존재로 간주한다. 또 신앙의 본질을 그 하나님과의 인격적이고 친밀하고 정다운 관계로 이해하기보다는, 인간 편에서 상기한 신적 존재를 두려움 가운데 맹종하거나 그 존재를 교묘히 조종하는—때로는 노여움을 달래고 길들임으로써 때로는 비위를 맞추고 좌지우지함으로써—것으로 생각한다. 헌금, 예배 참석, 교회 봉사 등을 액땜의 수단으로 여기든지, 아니면 자기실현의 대가로 치부하는 것 역시 바로 이런 심리에 기인한다.

셋째, 목회자의 신분에 대한 오해 때문이다. 목회자를 구약 때의 제사장과 똑같은 인간 중보자로 착각하여, 은연중에 그가 하나님과 자신 사이에 개입하여 복을 내리기도 하고 거두기도 할 수 있는 존재라고 생각한다. 예를 들어, 목회자가 교우 자녀들의 돌잔치에 참석하여 축복을 해야만 그 부모는 안심을 하고 즐거워한다. 그리하여 목회자들 가운데 어떤 이는 자신에게 축복권(또 저주권)이 있다고 공공연히 주장하기도 한다. 더욱 놀라운 일은 적지 않은 수의 교우들이 이것을 철석같이 믿는다는 데 있다.

이런 생각들—비성경적 복 개념, 하나님에 대한 뒤틀린 인식, 목회자의 신분 곡해—이 뒤섞인 신앙 토양 때문에 축도는 그야말로 이 세상의 물질적인 '복'을 내리고 받는 주술적 장치로 여겨지게 된 것이다.

성경적 관점으로의 회복

건전한 축도관觀을 견지하기 위해서는 그 예비 작업으로

서 다음의 두 가지 사항—(1) 복의 구속사적 발전, (2) 구약의 제사장과 오늘날 목회자 사이의 관련성—을 염두에 두어야 한다.

▿ '복'의 구속사적 발전

'복'의 구속사적 발전을 알려면, 구약 성경에서의 복 개념이 신약 성경으로 넘어오면서 어떤 변화를 겪었는지 살펴보아야 한다. 여기에서 우리는 복 개념의 의미 구조—곧 '복'이 내용과 형식의 두 요소로 구성되어 있다는 것—를 파악하는 일이 필요하다. "구약 성경에서는 이 두 요소가 본질적으로 결합된 가운데 주로 형식이 강조되어 표면에 등장하는 데 반해, 신약 성경에서는 이 둘 사이에 존재하던 긴밀한 연관성이 끊어지면서 내용이 형식에서 해방되었을 뿐 아니라, 마땅히 점유해야 할 본연의 위치로 부상浮上했다."[2]

이 점을 도표화하면 다음과 같다.

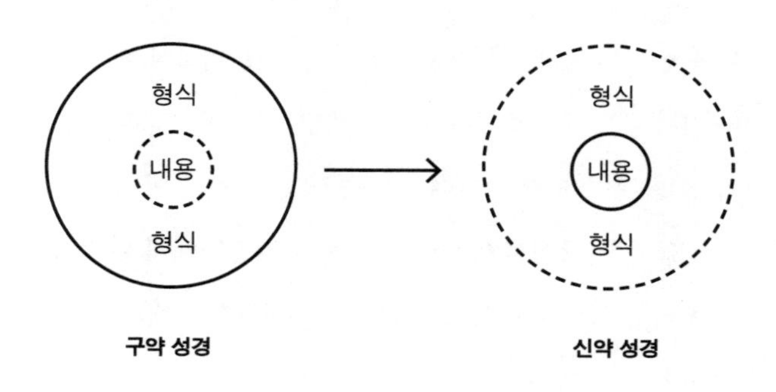

이상의 도식을 '복'에 적용해 보자. '복'의 내용은 '하나님의 호의'이고 형식은 하나님께서 베푸시는 각양 물질적 은택이다. 하나님께서 아브라함에게 복을 약속하셨을 때창 12:1-3, 하나님은 그에게 신적 호의를 보이셨고[내용], 동시에 자녀의 생산창 17:16·소유물창 24:35·후손의 번성창 22:17·영토의 획득창 26:3-4이라는 물질적 은택[형식]을 허락하셨다. 이처럼 구약 시대에는 복의 내용과 형식이 긴밀히 연관되어 있었고, 내용[신적 호의]은 형식[물질적 은택]을 통해서 그 의미를 발휘했다.

신약 시대로 넘어오면서 복의 내용인 '하나님의 호의'는 복음으로 인한 구원임이 명확히 밝혀졌다. 다음은 사도 바울의 설명이다.

> 갈 3:8-9, 13-14 [8]또 하나님이 이방을 믿음으로 말미암아 의로 정하실 것을 성경이 미리 알고 먼저 아브라함에게 복음을 전하되, **"모든 이방인이 너로 말미암아 복을 받으리라"** 하였느니라. [9]그러므로 믿음으로 말미암은 자는 믿음이 있는 **아브라함과 함께 복을 받느니라** … [13]그리스도께서 우리를 위하여 저주를 받은 바 되사 율법의 저주에서 우리를 속량하셨으니 기록된 바 "나무에 달린 자마다 저주 아래에 있는 자라" 하였음이라. [14]이는 **그리스도 예수 안에서 아브라함의 복이 이방인에게 미치게 하고** 또 우리로 하여금 믿음으로 말미암아 성령의 약속을 받게 하려 함이라.

상기 구절에는 복의 내용과 관련하여 몇 가지 중요한 사항이 언급되어 있다. 첫째, 아브라함에게 주신 약속의 절정은 땅의 모든 백성이 복을 얻는 것이다**창 12:3; 갈 3:8**. 둘째, 이방인들도 아브라함의 자손인 예수 그리스도로 말미암아 아브라함과 함께 복을 받는다**창 22:18; 갈 3:9, 14**. 셋째, 예수께서는 우리 대신 저주를 받으시고 우리를 율법의 저주에서 속량하셨다**갈 3:13**. 넷째, 우리는 예수를 믿음으로 말미암아 하나님 앞에 의롭다 함을 받는다**갈 3:9**. 이리하여 아브라함에게 약속된 복의 핵심은 그리스도 안에서 얻는 구원에 있음이 확실히 드러난 것이다.

그뿐만 아니라 복의 형식과 내용에 관한 의미 구조도 신약 시대에 이르러 큰 변화를 겪었다. 이제 복의 형식(물질적 은택)과 복의 내용(신적 호의) 사이에 존재하던 본질적 연관성은 끊어지고, 복의 핵심적 내용인 바 구원은 물질적 은택과 상관없이 그 본연의 모습을 드러내게 되었다.

∇ 구약의 제사장과 오늘날의 목회자[3]

하나님께서는 이스라엘을 통치하실 때 인간 중보자를 뽑아서 사용하셨다. 이 계층은 제사장**출 28:1**, 왕**신 17:15**, 선지자**삼상 3:20**인데, 임명받을 때 기름 부음을 받았기 때문에(제사장**출 28:41**, 왕**삼상 10:1**, 선지자**왕상 19:16**), 이들을 총칭해 '기름 부음 받은 자'(이른바 '메시아')라고 불렀다. 그 가운데 제사장은 속죄의 제사**히 5:1, 3**를 드리고, 중보 기도**시 99:6**를 하며, 백성을 축복함으로써레 9:22; 민 6:23-27; 신 21:5 자신의 사명을 감당했다. 민수기 6장 22-26절에 나타난 바 이스라엘 백성에 대한 축복 행위는 아론이 제사장—이는 하나님과 이스라엘 백성 사이에 위치한 인간 중보자의 신분인데—으로서 할 수 있던 바였다.

또 제사장은 하나님께서 부여한 영적 은사를 활용해 사역하는 영적 지도자이기도 했다. 포로 귀환 이후 이스라엘의 부흥에 큰 촉매 역할을 했던 에스라를 보면, 그는 율법을 잘 가르치는 은사가 있어서스 7:6, 10 '학자'라는 명칭을 얻었고스 7:11, 이스라엘 백성 가운데 이모저모로 영적 리더십을 발휘했다스 7:12-13, 28, 8:24, 9:1-2 등.

이상의 내용을 종합해 볼 때, 구약의 제사장은 인간 중보자로서 할 수 있는 고유의 일들—제사, 중보 기도, 축복—을 감당하기도 했고, 은사를 가진 영적 지도자로서 필요시 말씀을 가르치는 일에 착념하는 등 이중적 과업을 수행한 것으로 이해할 수 있다.

그리스도께서 메시아로 오셨을 때, 그 가운데 중요한 사명은 제사장으로서의 직분 수행이었다. 그는 멜기세덱의 반차를 좇은 대제사장이었으니히 5:10, 십자가 위에서 죽으셨으나 다시 살아나 승천하심으로써 영원한 대제사장이 되셨다히 4:14, 7:17.

우리가 예수 그리스도를 믿을 때 우리는 그분과 연합하게 되고롬 6:3-5, 우리 또한 제사장이 된다벧전 2:5, 9; 계 1:5-6, 5:9-10, 20:6. 따라서 오늘날 하나님과 그리스도인 사이에는 더 이상 인간 중보자—구약식의 제사장—이 필요하지 않다. 영원하신 중보자 그리스도를 통하여 우리 모두가 제사장이 되었기 때문이다.

그렇다면 구약의 제사장과 신약의 목회자 사이에는 **불연속성**과 **연속성**이 함께 존재하는 것을 알 수 있다. 구약 시대의 제사장은 하나님 앞에서 인간 중보자라는 신분을 가지고 중보자로서의 고유적 활동(제사, 중보 기도, 축복)을 수행해 왔는데, 이것은 예수 그리스도의 오심과 더불어 폐지되었다[**불연속성**]. 그러나 하나님께 부여받은 은사를 활용해 공동체 내에서 백성을 가르치고 인도함으로써 리더십을 발휘하는 기능을 감당하는 것은 신약 시대에도 여전히 유효하다[**연속성**]. 목회자가 오늘날 교회에서 목양, 말씀 가르침, 리더십 발휘의 책임을 지고 있는 것은 바로 이런 까닭이다.

다시금 반복하거니와 오늘날의 목회자는 인간 중보자가 아니라는 점에서 구약의 제사장과 완전히 다르다. 이것은 축복의 면에서도 마찬가지이다. 비록 목회자가 예배 시 축도 순서를 맡고는 있지만, 결코 구약의 제사장식으로 복을 분여分與, distribution하는 것은 아니다. 이는 곧 현세적이고 범속적인 성격의 복을 분여하는 것이 아닐 뿐만 아니라 구원의 복이 목회자의 축도를 통해서 전권적으로 교우들에게 전달되는 것도 아니라는 말이다.

목회자의 영적 권세

그러면 예배 순서로서의 축도는 도대체 어떤 중요성을 갖는 것일까? 더욱 정확히 말해서, 어떤 그리스도인이 목회자가 수행하는 축도 시간에 그곳에 머물러 있을 때 구체적으로 무슨 유익을 누리는 것일까? 축도 순서에 참여하기 전과 참여한 후를 비교해 볼 때 과연 그 그리스도인에게는 어떤 차이가 생기는 것일까?

이상의 질문에 대한 답변은 목회자에게 근본적으로 어떤 자격이 허락되고 어떤 권세가 주어진다고 보느냐에 따라 달라진다. 이와 관련해 네 가지 서로 다른 입장을 거론할 수 있다.

▿ 제사장적 자격을 부여하는 입장

이 입장에서는 성직자가 예배 의식(특히 성찬식)을 통해 하나님께 제사를 드린다고 생각한다. 따라서 성직자가 일반 교우들과 하나님 사이에서 일종의 중보적 역할을 담당하는 것으로 여기며, 성직자를 사제司祭, priest라고 부른다. 이것은 로마 가톨릭교회, 동방 정교, 그리고 가톨릭적 경향이 강한 일부 성공회 소속 교회의 주도적 견해이다.

이러한 견해가 가능한 것은, 이들이 근본적으로 화체설化體說에 근거한 성찬관을 견지하고 있기 때문이다. 즉, 성찬에 사용되는 떡과 포도주가 예수 그리스도의 살과 피로 변화되기 때문에 성찬의 일차적 의의는 그리스도께서 자신을 하나님께 제물로 바친다는 제사적 측면에서 찾아야 한다는 것이다. 그다음에야 그러한 그리스도의 살과 피를 받아먹는 영성체적領聖體的 의미를 주장한다. 그러므로 사제는 신분상 일반 교우들과 구별되는 영적 지도자로서, 하나님께 제사를 드리는 데서나 그리스도인들이 예수 그리스도의 살과 피를 나누도록 조치하는 데서나 중보적 역할을 담당한다는 것이다.

미사에서의 강복降福('축도'의 가톨릭적 용어)은 바로 이런 의식적 배경을 깔고 이해해야 한다. 사제는 그리스도의 성체를 현시한 뒤 바로 그 성체로써 신자들에게 복을 빌어 준다. 그렇기 때문에 사제가 아니면 그 누구도 미사 집전과 더불어 강복을 시행할 수 없다.

∇ 신적 직분자의 자격을 부여하는 입장

성직자를 일종의 제사장으로 간주하는 것이 로마 가톨릭의 입장이라면, 나머지 세 가지 입장은 모두 개신교의 입장이다. 개신교에서는—종교개혁의 정신에 맞게—성직자를 일반 교우들과 신분조차 다른 존재라고 생각하지 않는다. 그러나 그 지도자에게 어느 정도의 영적 권세가 부여되었다고 보는지는 서로 간에 입장 차이가 있다.

개신교의 다양한 견해 가운데, 성직자/목회자의 영적 권세를 가장 많이 인정하는 것이 '신적 직분자의 자격을 부여하는 입장'인데, 이는 장로교의 전통적 입장이다. 물론 그렇다고 하여, 목사를 하나님과 그리스도인 사이에 있는 중보자라고 생각한다는 말은 아니다. 목사 역시 하나님 앞에서의 신분과 관련해서는 일반 교우들과 동일한 한 사람이요, 그리스도의 몸을 이루는 하나의 지체이며, 하나님의 백성을 형성하는 하나의 구성원으로 여긴다.

단지 일반 교우들과 차이가 있다면 목사는 하나님께서 뽑아 세우신 공동체의 일꾼이요, 사역자라는 점이다. 그는 목양, 가르침, 리더십의 기능을 다하기 위해 선택된 지도자이다. 그가 비록 일반 교우들의 투표 절차에 따라 초청(혹은 선발)된 지도자이기는 하지만 하나님으로부터 권세를 부여받은 직분자라는 사실만큼은 확고히 강조된다.

목사는 하나님의 부르심을 받아 공동체를 책임진 직분자로서 양 떼를 돌보고, 말씀을 가르치며, 지도력을 발휘한다. 그러한 사역 가운데 예배 인도는 목사의 빼놓을 수 없는 책임 가운데 하나이다. 동시에 이 책임에는 축도의 순서를 맡는 일도 포함이 된다는 것이다.

▽ 공동체의 대표자 자격을 부여하는 입장

'신적 직분자의 자격을 부여하는 입장'이 장로교와 관련이 있다면 '공동체의 대표자 자격을 부여하는 입장'은 주로 침례교회의 주도적 견해이다. 이 입장은 장로교의 입장과 여러 면에서 동일하다. 목사의 역할을 절대 중보자적인 것으로 보지 않으며, 하나님 앞에서의 신분은 목사나 일반 교우들이나 똑같다고 생각한다. 단지 목회자는 일반 교우들과 은사(및 그에 따른 기능)—목양, 가르침, 리더십—가 다르기 때문에 공동체에서 대표자로 뽑힌 것이라고 본다.

여기까지는 '신적 직분자의 자격을 부여하는 입장'과 '공동체의 대표자 자격을 부여하는 입장'이 거의 동일하다. 교우들이, 리더십에 합당하다고 여겨지는 어떤 이들을 그들의 자질과 은사에 따라 선발한다는 면에서는 장로교나 침례교나 하등 차이가 없다는 말이다. 그런데 장로교에서는 이미 하나님께서 부르신 지도자를 공동체적으로 인정했을 뿐이라며 지도자 선발에서의 **신적 측면**을 강조하는 반면, 침례교에서는 일반 교우들이 일꾼을 공동체의 대표자로 선발했다는 **인적 측면**을 강조한다.

침례교회의 예배에서 예배 인도자 및 축도 담당자에 대한 생각은 목회자를 어떤 인물로 여기느냐 하는 것과 함께 간다. 비록 목회자가 일반 교우들과 달리 특별한 기능을 담당하고(그 가운데 주일 예배의 인도가 있음) 예배 시에 축도를 하지만, 그것이 목회자는 신적 직분자로서 일반 교우와 차별화된다는 뜻은 아니다. 그는 일반 교우들과 은사나 기능 면에서 차이가 날 뿐이고, 이 때문에 교우들의 대표자로서 예배 인도 및 축도를 맡을 따름이다. 그러므로 교우들의 인정만 받으면 어떤 이든 예배 인도와 축도의 책임을 맡을 수 있다는 뜻이 된다.

▽ 그리스도인으로서의 자격을 부여하는 입장

이 입장은 목회자와 일반 교우들 사이에 차이를 거의 인정하지 않는 것으로서, 개신교의 입장 가운데 가장 급진적이라고 할 수 있다. 주로 형제 교회Brethren Church[4]의 견해로 알려져 있다.

형제 교회 내에도 여러 분파와 갈래가 있기 때문에 일반화하기가 쉽지는 않지만, 대체로 그들은 공동체 내에서 일반 교우들과 직분적으로 구별되는 지도자—항구적으로 목회의 기능을 수행하며 사례비를 지급받는 이—를 선발하지 않는다. 목회자가 전혀 없는 경우도 있고, 혹시 있다 하더라도 공동으로 몇 명이 돌아가며 말씀 증거(및 성례 집행) 사역을 맡을 따름이다. 따라서 예배 인도자 역시 어떤 특정한 직분자에게 고정되어 있지 않고, 예배 순서 또한 교우들이 함께 맡는다. 그들은 축도 또한 독특하게 진행하는데, 예배의 끝에 일어나 함께 고린도후서 13장 13절("주 예수 그리스도의 은혜와 하나님의 사랑과 성령의 교통하심이 너희 무리와 함께 있을지어다")을 말함으로써 서로를 향한 공동의 축도 순서를 갖는다.

축도, 복되고 복된 시간

이제 비로소 우리는 축도의 영적 의의/가치를 논할 계제에 이르렀다. 우선, 축도에 사용되는 신구약 본문과 그 의미를 살펴보자.

∇ 축도의 내용

축도로 활용되는 구약의 본문은 민수기 6장 23-26절이다. 아론 계열의 제사장들이 이스라엘을 축복하는 바는 세 가지 항목—지키심, 은혜 베푸심, 평강 주심—으로 되어 있다. 이러한 복의 내용 세 가지는 여호와의 주권적 역사로 말미암아 가능한 바요, 특히 여호와께서 '얼굴'—그의 임재와 호의—을 보이심으로써 이루어진다. 또 각 항목마다 '여호와'가 등장하여 3회에 이르는 것은 희미하게 삼위일체를 반영하는 표시라고 할 수 있다.[5] 또 신약에서는 고린도 교회에 보내는 편지의 끝 구절이 축도와 연관된 것으로 알려져 있다.

> 고후 13:13 **주 예수 그리스도의 은혜**와 **하나님의 사랑**과 **성령의 교통하심**이 너희 무리와 함께 있을지어다!

바울은 고린도 교회 교우들에게 보내는 편지를 축복 형식의 말로 마감했는데, 이 구절이 오늘날 예배에서의 '축도' 내용으로 광범위하게 사용되고 있다. 우리 주 그리스도께서는 대가를 요구함 없이 신적 호의를 거저 베푸셨고**고후 8:9**, 이로써 우리는 구원을 받게 되었다**엡 2:8**. 이러한 은혜를 조금 다른 각도에서 본다면, 우리를 향한 하나님 편에서의 사랑이 확증된 것이라 할 수 있다**롬 5:8**. 이 사랑은 우리가 아직 "연약할 때에"**롬 5:6**, "죄인 되었을 때에"**롬 5:8**, "원수 되었을 때에"**롬 5:10** 보여 주신 것이므로 더욱 놀랍다. 우리가 구원을 받아 하나님의 백성이 되면서부터 성령께서는 우리를 하나의 공동체로 교통하게(사귐을 갖게) 하셨다**엡 2:18, 4:3; 빌 2:1**. 그리스도인의 진정한 복은 이렇게 은혜, 사랑, 교통을 누림에 있다.

∇ 축도의 의의

그러면 축도는 그리스도인에게 어떤 영적 가치를 부여할까? 우선 지금까지의 내용에 의거해 축도의 의의가 아닌 것[6]부터 정리해 보자. 첫째, 축도는 우리에게 '물질적 은택'—사업의 번창, 윤택한 경제생활, 승진과 취직, 자녀의 성공 등—을 보장해 주는 의식이 아니다. 축도는 철두철미하게 복의 핵심—구원의 은택을 누리고 하나님과 깊은 사귐을 가짐—에 대한 것이다. 둘째, 축도는 목회자가 하나님과 그리스도인 사이에 중보적 존재로 끼어드는 의식이 아니다. 목회자는 자기 임의대로 성도들에게 핵심적 복을 분여하는 인간 중보자가 아니다. 이러한 복은 오직 그리스도만이 우리에게 나누어 주실 수 있다.

이렇게 볼 때 축도는 결코 주술적 효능을 가진 종교의식이 아니다. 축도자가 축도의 내용을 말하며 손을 높이 들든지, 아니면 '있을지어다'[7] 하는 식으로 권위 있게 발언한다고 해서 무슨 영적 의의나 가치가 발생하는 것이 아니다. 또 교우들이 멍한 정신 상태로 있거나 말거나 어쨌든 교인들이 축도를 받기만 하면 그들이 기대하는 '복'을 받는—아니면 최소한 화禍나 저주로부터 모면되는—그런 소원 성취(혹은 액땜의) 순서도 아니다.

축도는 오히려 하나님께서 우리에게 베풀어 주시기 원하는 복의 내용—은혜, 사랑, 교통—을 마음껏 누리는 순서이다. 하나님께서는 그리스도인 각 개인과 공동체에 대해 엄청난 복을 내리시기 원한다. 축도는 실상 우리를 향한 하나님의 염원을 예전화禮典化한 순서이다. 목회자는 자신의 주도적 역할을 통해 하나님의 복을 분여하는 것이 아니고, 단지 우리에게 복을 내리시고자 하는 **하나님의 염원을 기원의 형태로 상기시키는 것뿐이다**.

그렇다면 축도는 우리 편에서의 간절한 기대와 열망이 없으면 우리 심령에 아무런 영적 유익도 끼칠 수 없다. 따라서 그리스도인 공동체는 예배를 마감하기에 앞서 삼위 하나님을 바라보며 주께서 그토록 베풀기 원하시는 핵심적 복을 간원하고 열망해야 한다. 고린도후서 13장 13절에 기초해서 말한다면, 예수 그리스도께서 주시는 은혜, 하나님 아버지께서 베푸시는 사랑, 성령님을 통해서 이루어지는 하나 됨의 교제를 목마르게 구해야 한다. 그럴 때에야 비로소 축도의 엄청난 가치가 우리 심령에 실현될 것이다. 축도는 이처럼 우리가 삼위 하나님을 영과 진리로 예배할 때, 하나님께서 개인의 심령과 공동체의 삶 가운데 **은혜**와 **사랑**과 **교통**의 복을 한없이 부어 주시는, 그야말로 '복된' 시간이다.

그러므로 목회자가 고린도후서 13장 13절의 내용으로 축도를 할 때, 그리스도인 각자는 그 내용을 하나하나 곱씹어 가며 그 복의 내용이 내 심령에, 또 옆의 교우들에게, 그리고 순서를 맡은 목회자에게까지도 유효하기를 간원해야 한다. 특히 축도가 예배의 마지막 순서임을 기억하면서, 목회자·나 자신·다른 교우들이 예배 이후의 삶 가운데서도 은혜·사랑·교통을 마음껏 누리게 해 달라는 간구와 더불어 분연히 세상 속으로 나아가야 할 것이다.[8]

9

예배로의 초대

오라, 우리가 예배하자

시편 95:1-11

[1]오라! 우리가 여호와께 노래하며 우리의 구원의 반석을 향하여 즐거이 외치자. [2]우리가 감사함으로 그 앞에 나아가며 시를 지어 즐거이 그를 노래하자. [3]여호와는 크신 하나님이시요 모든 신들보다 크신 왕이시기 때문이로다. [4]땅의 깊은 곳이 그의 손안에 있으며 산들의 높은 것도 그의 것이로다. [5]바다도 그의 것이라. 그가 만드셨고 육지도 그의 손이 지으셨도다. [6]오라! 우리가 굽혀 경배하며 우리를 지으신 여호와 앞에 무릎을 꿇자. [7]그는 우리의 하나님이시요 우리는 그가 기르시는 백성이며 그의 손이 돌보시는 양이기 때문이라. 너희가 오늘 그의 음성을 듣거든 [8]너희는 므리바에서와 같이 또 광야의 맛사에서 지냈던 날과 같이 너희 마음을 완악하게 하지 말지어다. [9]그때에 너희 조상들이 내가 행한 일을 보고서도 나를 시험하고 조사하였도다. [10]내가 사십 년 동안 그 세대로 말미암아 근심하여 이르기를, "그들은 마음이 미혹된 백성이라. 내 길을 알지 못한다" 하였도다. [11]그러므로 내가 노하여 맹세하기를, "그들은 내 안식에 들어오지 못하리라" 하였도다.

예배에 대한 그릇된 통념

'예배' 하면 떠오르는 우스개가 있다. 어느 날 심방을 온 목회자에게 교우 한 사람이 이렇게 부탁했다는 것이다. "목사님, 오늘 예배는 좀 쎄게 봐 주십쇼!" 물론 한번 웃고 그냥 잊어버릴 수도 있겠지만, 이 말에는 가벼이 넘길 수 없는 심각한 문제점이 감추어져 있다. 예배를 '쎄게' 봐 달라는 그 교우의 부탁에서 우리는 간절함과 기대감을 읽을 수 있다. 동시에 그리스도인들이 예배와 관련해 가지고 있는 그릇된 통념 역시 찾아볼 수 있다. 그렇다면 무엇이 그릇된 통념일까? 이에 대해 세 가지를 언급할 수 있을 것이다.

이 교우는 예배의 핵심을 우리 편에서의 주관적 열심에 두고 있다. (부디 본인을 오해하지 말기 바란다.) 예배에서 주관적 측면은 분명 중요하다. 예배자에게 열심, 간절함, 기대감 등이 없다면 그 또한 문제점으로 지적하지 않을 수 없다.

그러나 지금 초점을 두고 있는 것은 우선순위의 문제이다. 비록 예배자의 주관적 열심과 간절함이 중요하다 하더라도 그보다 더욱 강조되어야 할 것이 있는데, 바로 예배에서의 객관적 측면—우리가 예배하는 하나님이 어떠한 분인가 하는 것—이다. 우리가 예배하는 대상을 올바로 인식하지 않고서는 참된 예배를 드릴 수가 없기 때문이다. 이 점은 이미 1장 "영과 진리의 예배"에서 집중적으로 탐구한 내용이다. 다시 한번 강조하지만, 요한복음 4장 24절에서 "하나님은 영이시니 예배하는 자가 영과 진리로 예배할지니라"는 말은 예배자의 주관적 열심 이전에 하나님이 어떤 분이신지 알며 예배하는 것(진리로 예배함)이 훨씬 중요하다는 뜻이다.

둘째, "예배를 쎄게 봐 주십쇼"라는 표현에서 볼 수 있듯이, 이 교우는 예배를 관람 행위와 연관시키고 있다. 그러나 예배는 결코 '보는' 것이 아니다. 우리는 오늘날 온갖 종류의 관람에 익숙해 있다. 영화, 운동 경기, 연극, 청문회, 단상 토론회, 오락 프로그램 등 그 종류는 부지기수이다. 그러다 보니 예배 시간에도 관람객식의 상태에 빠지기가 매우 쉽다. 오늘 예배 사회자는 누구인가, 대표 기도는 어땠는가, 성가대 가운이 왜 바뀌었는가, 설교자의 양복과 넥타이는 색깔이 어울리는가, 오늘 광고는 왜 그토록 길었는가 등의 질문을 던지며 예배를 '구경'하게 된다.

그러나 예배는 결코 문화 행사가 아니며 우리의 여흥을 위한 종교 놀음이 아니다. 만일 예배를 관람거리 가운데 한 가지로 여긴다면, 벌써 거기서부터 예배 정신의 타락이 시작되었다고 지적해야 할 것이다. 그러나 안타깝게도 이러한 '예배의 관람'이 오늘날 현실로 나타나고 있다. 예배를 '본다'는 언어 습관이 바로 이 점을 반영하는 것 아니겠는가?

따라서 예배와 관련한 우리의 용어 선택에 혁신이 필요하다. '예배를 보다'라는 표현 대신에 '예배를 **드리다**'라는 어구를 의식적으로라도 사용하는 것이 좋다. 그리고 이보다 더욱 좋은 것은, '예배**하다**'라는 동사 자체를 사용하는 것이다. "나는 하나님을 **예배하러** 왔습니다"라는 진술이 "나는 하나님께 **예배를 드리러** 왔습니다"라는 진술보다 더 강하고 직접적이기 때문에, 이 표현을 최선의 것으로 추천한다.

셋째, 이 교인은 예배의 주도권을 은연중에 타인에게 위탁하고 있다. 예배를 봐 달라는 것은, 예배의 책임을 남에게 떠넘기고 자신은 그저 수동적으로 남아 있겠다는 뜻이다. 더욱이 그 책임을 **목회자에게** 이양하고 있는데, 이것은 목회자를 예배 집전에서 중보적 존재로 여기기 때문이 아닌가 싶다.

예배에서 목회자의 역할을 구약식의 인간 중보자로 여기는 것과 예배자의 수동성은 긴밀히 연결되어 있다. 목회자를 그런 인물로 여기면 여길수록 그리스도인들은 예배에서 수동적이 된다. 반대로 목회자의 역할을 옳게 인식하면 할수록 수동적인 자세에서 탈피하게 된다.

그러나 그 누구도 우리의 예배에서 중보적 존재가 될 수 없다. 구태여 중보자를 거론하라면, 물론 영원한 대제사장이신 예수 그리스도를 말할 수 있다. 그 외에는 어떤 인물도 중보자가 아니고 또 될 수도 없다. 목회자가 설교를 하고 예배 인도의 책임을 맡게 된다고 해도, 그 역시 다른 그리스도인들과 똑같이 하나님을 예배하는 자일 뿐 결코 그리스도인과 하나님 사이에 중개자로 위치하는 것이 아니다. 따라서 모든 그리스도인은—예배에서 어떤 순서를 맡든지 맡지 않든지, 또 자신이 목회자이든지 아니든지—오직 그리스도를 통하여 하나님을 예배해야 한다. 동시에 우리 모두는 각자가 능동적 자세로 하나님을 예배하고자 힘써야 한다.

그러므로 예배와 관련된 이 모든 그릇된 통념들은 한시바삐 불식되어야 한다. 오직 하나님께서 어떤 분이신지 확실히 아는 가운데, 그분을 능동적으로 예배해야 한다. 이러한 자세를 견지할 때만이 예배에 초대받을 자격이 갖춰진 것이다. 이제 시편 95편에 나타나 있는 내용에 입각해 당신을 예배로 초대하고자 한다.

예배의 구성 조건

예배란 무엇이고 어떻게 이루어질까? 이것은 근본적으로 예배 정신—예배의 대상이신 여호와 하나님께 우리가 어떤 마음가짐을 가져야 하는가—의 문제이다. 동시에 공적 예배에서는 그에 걸맞은 형식적 요소—공동체적 질서—또한 무시할 수 없다. 또 예배 정신을 구현해 낼 수 있는 각양의 표현수단 또한 고려해야 한다.

▽ 예배 정신

시편 기자는 95편 1-11절에서 예배 때의 마음가짐을 두 단계로 묘사하고 있다. 첫째, "우리가 … 그 앞에 나아가는"2절 일이다. 그 '앞'이란 말을 문자적으로 번역하면 그의 '얼굴'이 된다. 예배는 일차적으로 '하나님의 면전'에 나아가는 것이다. 둘째, "우리가 굽혀 경배하며 … 여호와 앞에 무릎을 꿇는"6절 일이다. 우리는 여호와의 면전에 나아갈 뿐만 아니라 그분 앞에 무릎을 꿇고 경배해야 한다.

그러면 오늘날 우리는 어떻게 함으로써 '하나님 앞에' 나아갈 수 있을까? 그 대답은 주저할 바 없이, '예수 그리스도를 통해서'이다. 더욱 정확히 말하자면, "우리가 예수의 피를 힘입어 성소에 들어갈 담력을 얻었나니 그 길은 우리를 위하여 휘장 가운데로 열어 놓으신 새로운 살길이요 휘장은 곧 그의 육체"히 10:19-20이기 때문에 오직 그를 통해서만 하나님께 나아갈 수 있다. 다시 말해서, 우리의 심령이 십자가의 보혈을 의지하고 새로운 살길로 나아갈 때, 그것이 바로 하나님 앞에 나아가는 것이다. 따라서 우리는 하나님을 예배하고자 할 때, 단순히 예배당 안에 들어선 것만으로 다 되었다고 생각해서는 안 된다. 여러 가지 예배 의식과 순서를 지킴으로써 하나님을 경배했겠거니 하고 자위해서도 안 된다. 우리는 십자가 밑에서 그리스도를 통해 하나님께 나아가야 한다.

일단 하나님의 면전에 나아갔으면 우리는 그분께 '굽혀 절하고'—6절의 '굽히다'는 '굽혀 절하다bow down'라는 뜻이다—주저 없이 무릎을 꿇어야 한다. 무릎을 꿇는다는 것은 주권자에 대한 절대적 순종을 의미한다. 따라서 굽히고 무릎을 꿇는 행위는 우리가 종으로서 하나님을 섬기겠다는 표시요, 하나님께만 충성을 바치겠다는 엄숙한 결단의 외적 상징이다. 우리가 이렇게 하나님 앞에 부복하여 꿇어 엎드릴 때, 왕이요 주인이신 하나님을 올바로 예배하는 것이 된다.

∇ 공동체적 질서

우리가 여기서 관심을 가지고 살펴보는 것은 공동체의 예배 활동이다. 이것은 다음의 세 곳에 나타난 '우리'라는 일인칭 복수 대명사와 권유형의 문장 형태를 보아서 금방 추론할 수 있다.

1절 오라! 우리가 … 하자.
2절 우리가 … 나아가며 … 하자.
6절 오라! 우리가 … 하자.

또 하나님을 "우리의 하나님"**7절**으로, 예배자를 "그가 기르시는 백성"**7절**으로 지칭하는 것 역시 공동체성의 반영이다.

물론 예배에는 공적 예배만 있는 것이 아니다. 개인적으로 하나님을 뵈옵고 높이며 찬양하는 사적 예배—큐티, 개인 기도 등—도 가능하다. 그러나 지금 우리는 공적 예배, 주로 주일에 일정 건물이나 장소에 모여 함께 공동체적으로 드리는 예배를 염두에 두고 있다. 특히 시편 95편은 이러한 공적 예배에 대한 초대라고 할 수 있다.

그런데 우리의 예배가 공적 성격을 띨 때 사적 예배에서는 찾아볼 수 없는 요소가 등장하게 된다. 예를 들어, 사적 예배에서는 예배자의 예배 정신—하나님의 면전에 나아와 굽어 경배하려는 마음가짐—만 올바르면 그것으로 충분히 예배가 성립된다. 그러나 공적 예배는 그렇지 않다. 공적 예배에서도 올바른 예배 정신의 함양이 본질적으로 중요하지만, 공동체적 질서를 위한 형식적 요소 또한 무시할 수 없다. 너무나 상식적인 이야기이지만, 공적 예배에 참석하려면 최소한의 예의를 갖추어야—옷을 깨끗이 입어야 하고 점잖이 앉아 있어야 하는 등—한다. (사적 예배에서는 꼭 그렇게 예의를 갖추지 않아도 정신만 하나님께 집중하고 있다면 아무런 문제가 되지 않는다.)

이렇게 공적 예배에는 사적 예배와 달리 공동체적 질서가 요구된다. 그러면 예배에서 왜 이렇게 형식적 요소, 곧 공동체적 질서가 필요한지 그 이유를 좀 더 자세히 살펴보도록 하자. 공적 예배를 진행하려면 최소 다음의 네 가지 사항이 고려되어야 한다.

첫째, 여러 사람 사이의 협약이 있어야 공적 예배가 이루어질 수 있다. 참석자들은 모임에 필요한 기본 조항들에 합의해야 하고, 또 그것을 지켜야만 공적 예배가 가능하다. 예를 들어, 요일(주일), 시간(오전 11시), 장소(교회당), 소요 시간(1시간) 등에 합의하고 지켜야 한다. 이렇게 상호 협약을 수립하고 준수하는 것은 공동체적 질서 때문이다.

둘째, 기본적 예의에 관한 사항으로서 이것은 공공의 모임 장소에서는 어디에서나 요구되는 바이다. 다시 말해서, 다른 이의 비위를 거스른다든지, 주의를 산만하게 한다든지, 불편한 심사를 야기한다든지 하는 일이 없도록 해야 한다. 한두 가지 예를 더 들자면, 냄새나는 옷을 입고 앉는다든지, 예배 도중 옆 사람을 뚫어지게 바라본다든지, 시종 콧노래를 부른다든지, 앞 사람과 킥킥대며 웃는다든지 하는 일이 없어야 한다. 사적 예배와 달리 공적 예배에서 이런 것들을 규제하지 않을 수 없는 이유는 공동체적 질서를 세워야 하기 때문이다.

셋째, 예배 순서를 일관성 있게 정하고 지켜 나가려면 반드시 공동체적 질서가 요구된다. 어떤 예배 순서들—말씀 선포, 성례 집전, 성시 교독, 신앙 고백, 축도—은 공동체로 모였을 때만 가능하다. 또 어떤 예배 순서들—말씀, 찬송, 기도 등—은 사적 예배에서도 얼마든지 시행이 가능하지만, 공적 예배에서 채택될 때 그 의미가 새로워지는 것들이기도 하다. 이 예배 순서들을 적법하게 예전화禮典化하고, 한 번의 공적 예배에서 알맞게 배열하고 순서를 정해 실행하려면, 반드시 공동체적 질서가 요구된다. 교우들이 임의로 예배 순서를 정하고 전체적 통일성이나 일관성 없이 자기 멋대로 예배에 임한다면 이는 결코 바람직한 예배라고 할 수 없을 것이다 **고전 14:33**.

넷째, 공적 예배에서 공동체적 질서가 필요한 또 한 가지 이유는 책임 분담 문제 때문이다. 공적 예배에는 여러 가지 순서가 연관되어 있기 때문에 그러한 순서를 담당할 사람들이 요구된다. 한 번의 주일 예배가 부드럽게 진행되고 차질 없이 마쳐지려면, 책임을 맡은 모든 이들 편에서의 성실한 역할 감당이 뒷받침되어야 한다. 그런데 이러한 지원에는 필연코 공동체적 질서가 포함되게 마련이다.

지금까지 네 가지 항목에 걸쳐 설명했듯이 예배, 특히 공적 예배가 제대로 진행되려면 예배 정신과 아울러 공동체적 질서 또한 필수적이다.

∇ 다양한 표현 수단

하나님의 면전에 나아가 하나님을 섬기기로 다짐하고 그분께만 충성을 바치겠노라는 마음가짐이 예배 정신의 요체라고 밝혔다. 그런데 이러한 예배 정신은 우리에게 허락된 여러 가지 방편과 수단을 통해 구현되게 마련이다. 인간이 지정의의 기능을 가진 인격적 존재이고, 심미적·예술적 특성을 보여주는 문화적 존재이며, 영육의 구성 요소가 아우러진 통전적 존재임을 감안할 때, 하나님께 대한 예배 정신 역시 다양한 표현 수단을 요구하리라는 것은 쉽사리 추정할 수 있다.

시편 95편에는 여호와를 예배하는 데 여러 가지 수단이 동원되어 나타난다. 첫째, 예술적이고 문예적인 수단들을 활용하여 하나님을 예배하도록 독려받고 있다. 우선 '노래'1절가 언급되어 있고, '시'2절도 나온다. 또 시편 95편에는 나타나지 않지만, 우리는 구약 시대에 공적 예배와 관련하여 악기시 92:1, 십현금, 비파, 수금, 음성시 98:5, 손시 134:2과 손바닥시 47:1, 춤시 149:3, 150:4 등이 사용되었다는 것을 알고 있다.

둘째, 하나님을 예배할 때 인간의 전 존재가 총체적으로 연루된다. 5절에는 허리를 굽히는 동작과 무릎을 꿇는 동작이 나타나 있다. 인간은 영육의 존재이므로 우리의 예배가 온전하기 위해서는 몸과 영혼이 함께 참여해야 한다. 그러므로 허리를 굽히는 몸의 동작과 더불어 종으로서 섬기겠다는 마음 자세가 함께 어우러질 때 참다운 예배가 가능해진다. 또 무릎을 꿇는 몸의 동작에 더하여 하나님의 주권을 인정하고 자신을 온전히 굴종시키겠다는 순종의 마음 자세가 수반될 때 바람직한 예배의 모습이 구현될 것이다. 우리가 예배하면서 어떤 경우 손을 들기도 하고 자리에서 일어나기도 하는데, 이 역시 몸과 영혼의 전 인격적 기능 발휘를 통해 하나님을 예배하고자 하기 때문이다.

이처럼 우리는 하나님을 예배할 때 모든 방편(소리, 말, 춤, 악기 등)을 동원하고 전 인격(몸, 마음)으로 참여해야 한다.

▿ 예배 정신과 형식적/수단적 요소

지금까지 우리는 공적 예배를 구성하기 위한 요건으로서 세 항목, 즉 예배 정신, 공동체적 질서, 다양한 표현 수단을 거론해 왔다. 지금부터는 이 세 항목을 예배 정신과 형식적/수단적 요소(공동체적 질서 및 다양한 수단)라는 두 항목으로 줄여서 논의를 진행하고자 한다.

예배 정신과 형식적/수단적 요소는 일종의 변증법적 관계에 놓여 있다. 참되고 온전한 예배에는 이 두 항목이 모두 다 필요하며, 어느 한쪽이 결여되면 예배의 실행이 가로막히게 된다. 예를 들어, 예배 정신이 결여된 형식적/수단적 요소는 급속히 형식주의적 예배로 빠질 위험이 있다. 그러나 반대로 형식적/수단적 요소가 허락되지 않으면 예배 정신을 구현할 길이 사라지고 만다. 그러므로 우리는 이 둘을 함께 주장해야 하고, 우리의 예배 문화에서 어느 쪽이 약화되거나 도외시되고 있는지 늘 주의 깊게 관찰하고 시정해야 한다.

그런 관점에서 볼 때 한국 교회의 예배는 전자의 경향을 띤 것으로 판단이 된다. 즉, 예배에서의 공동체적 질서를 강조하고 음악이나 분위기 등 다양한 표현 수단에 대해서는 관심을 쏟으면서도, 정작 그런 것들을 통해 구현되어야 할 예배 정신에 대해서는 경시적인 자세를 취하고 있다는 것이다. 따라서 우리는, 이미 앞 장에서 여러 차례 강조했듯이 우리의 예배 순서가 하나님을 영과 진리로 예배하기 위한 수단임을 뼛속 깊이 인식해야 한다. 아울러 말씀 전달과 선포, 대표 기도, 찬송, 음악 순서 등이 우리의 관람 심리와 위선과 자랑에 지배받지 않도록 힘쓰고, 오히려 하나님에 대한 예배 정신—종 됨, 순종, 충성에의 다짐—을 활성화시키는 요소로 작용하도록 전심을 기울여야 할 것이다.

왜 하나님을 예배해야 하나?

그러면 왜 우리는 하나님을 예배해야 할까? 무엇 때문에 하나님은 우리의 경배를 받으시기에 합당하신 분이 되는 것일까? 시편 95편은 이러한 근거를 두 가지로 밝히고 있다. 이에 대한 힌트는 3절 및 7절 말미의 '~이기 때문이다'라는 표현에 나타난다. 이 점을 명확히 하기 위해서는 3절과 7절 초두에 '왜냐하면'이라는 말을 넣으면 훨씬 도움이 된다. 이제 우리는 다음과 같은 논리적 구조가 반복되어 등장하는 것을 발견한다.

1-2절　오라! 우리가 … 즐거이 부르자.
3절　왜냐하면 여호와는 …이기 때문이다.

6절　오라! 우리가 … 무릎을 꿇자.

7절 왜냐하면 저[여호와]는 …이기 때문이다.

시편 기자는 1-2, 6절에서 비슷한 어휘를 사용하여 우리를 예배로 초대한다. 그리고 연이어 3, 7절에서는 하나님을 예배해야 할 이유/근거를 제시하고 있다.

▿ 첫째 근거: 크신 창조주 하나님이시므로

우리가 여호와 하나님께 노래하고 그를 경배해야 할 첫 이유는 그가 바로 우리의 창조주이시기 때문이다. 그런데 이러한 근거 내용을 금세 찾을 수 있는 것은 아니다. 오히려 "여호와는 크신 하나님이시요 모든 신들보다 크신 왕이시기 때문이로다"**3절**라는 설명이 먼저 나온다. 그래서 우리는 왜 여호와를 크신 하나님이라고 하는지 다시금 질문을 던지게 마련이다. 그에 대한 답변은 "땅의 깊은 곳이 그의 손안에 있으며 산들의 높은 곳도 그의 것이로다. 바다도 그의 것이라. 그가 만드셨고 육지도 그의 손이 지으셨도다"라고 말하는 4-5절의 내용에 나타나 있다. 바로 여기에서 우리는 예배의 첫 근거를 찾을 수 있게 된다.

5절에 보면 그가 창조주이신 것이 의심할 여지없이 선명히 부각되어 있다. 그분은 육지와 바다를 모두 창조하셨다. 바로 앞 절**4절**에서는 땅의 깊은 곳이 그의 손안에 있고 산들의 높은 것도 하나님의 소유라고 말한다. 왜냐하면 이 모든 것을 그분이 창조하시고 지금껏 유지해 오셨기 때문이다.

이렇게 인간(6절, "오라, 우리가 굽혀 경배하며 우리를 지으신 여호와 앞에 무릎을 꿇자")을 포함해 땅, 산, 바다, 육지로 대표되는 삼라만상을 지으시고 다스려 나가시는 분이 하나님임을 생각할 때, 우리는 마땅히 하나님께 경배하는 자세로 나아가며 즐거운 노래와 감사와 시로 그를 높여야 한다. 무엇보다도 온 세상을 만드셨기에 하나님은 크고 위대하신 분이시다. 이 세상의 어떤 신—실상 그런 신이 객관적으로 존재하는 것도 아니지만—도 육지와 바다를, 그리고 땅과 산을 만든 것이 아니기 때문에, 우리는 여호와 하나님만을 모든 신 위에 뛰어난 위대한 왕으로 높이며 예배하는 것이다.

▿ 둘째 근거: 백성을 기르시는 구원의 주이시므로

우리가 하나님을 경배하고 그분께 예배의 심령을 바치는 또 다른 이유는, 그분이 우리 자신과 만물을 지으신 창조주이시기도 하지만 동시에 우리를 하나님의 백성으로 삼으신 구원주이시기도 하기 때문이다. 하나님을 "구원의 반석"**1절**이라고 칭하는 것은 바로 이런 이유에서이다.

시편 기자는 하나님께서 우리의 구원주가 되신다는 사실을 "그는 우리의 하나님이시요 우리는 그가 기르시는 백성이며 그의 손이 돌보시는 양"**7절**이라는 표현을 통해 밝히고 있다. 그런데 근본적으로 이 표현에는, 하나님께서 이스라엘 백성과 맺으신 언약의 실상이 반영되어 있다. 우리가 알다시피 하나님께서는 이스라엘과 언약을 맺으면서, 언약의 조건을 이행할 경우에는 그에 대한 보상으로서 "나는 그들의 하나님이 되고 그들은 내 백성이 될 것이라"렘 31:33라는 약속을 주셨다. 7절에 암시되어 있는 양 떼와 목자 사이의 관계 역시 언약 백성의 또 다른 면모를 밝히는 것이다겔 34:15, 30-31.

사실 이러한 집단적 의미에서의 언약 관계는, 하나님께서 이스라엘 백성의 신음 소리를 들으시고 그들의 조상—아브라함, 이삭, 야곱—과 맺은 언약을 기억하심으로써출 2:23-24 시작되었다. 하나님께서는 결국 이스라엘 백성을 애굽으로부터 속량하시고 그렇게 구원을 받은 백성과 더불어 언약을 맺으신 것이다출 19-24장.

그러므로 이스라엘을 표적과 기사로써 구원해 내신 분이 여호와 하나님이시기 때문에, 구원받은 이스라엘 백성이 하나님께 찬양과 경배를 드리는 것은 너무나 합당하고 당연한 일이다. 이스라엘을 위해 홍해를 가르시고, 광야 40년 동안 필요한 것을 공급하시며, 요단강을 멈추게 하시고, 약속의 땅 가나안을 차지하게 하신 분이 바로 하나님이시기 때문에, 이스라엘은 그 하나님께 감사와 찬양을 드리고 그들의 모든 것을 다 바쳐 경배하는 것이다. 특히 신약 시대에는 언약의 중보자이신 예수 그리스도께서 구속의 십자가로써 우리를 죄와 사망에서 건지셨기 때문에, 우리는 모든 하나님의 백성과 더불어 그

구원의 하나님을 경배하고 그 앞에 무릎을 꿇으며 우리의 충성을 다짐하는 것이다.

그렇다. 여호와 하나님은 우리의 경배를 받으시기에 충분히 합당하신 분이시다. 그가 만물을 지으시고 지금껏 말씀으로 지탱하셨기 때문에, 또 그가 자신의 목숨을 바쳐 구속의 계획을 이루시고 하나님의 백성을 구원해 내셨기 때문에, 우리는 변함없이 그분을 예배하는 것이다.

결론: 마음의 왜곡에 대한 경고

예배에서 가장 중요한 것이 예배 정신, 즉 하나님을 참되이 예배하려는 마음가짐이듯이, 예배에서 가장 장애가 되는 요인 역시 마음의 문제이다. 우리가 허리를 굽히고 무릎을 꿇는 것은 실상 하나님께 대한 섬김, 종 됨, 순종의 마음가짐을 나타내기 위한 것이다. 그런데 만일 어떤 이가 겉으로는 이러한 신체 동작을 취하되 마음은 전혀 반대의 자세를 견지하고 있다면, 이 얼마나 큰 모순이요 이중적 작태이겠는가?

시편 기자는 이렇게 왜곡된 마음 상태에 대해 엄중히 경고한다. 우리의 마음 상태 때문에 바로 '하나님의 음성을 듣는 일'7절에 관해 우리의 주목을 환기시키는 것이다. 여기에서 '음성을 듣는 것'은 단지 청각의 자극과 이에 따른 감각 자료sense data의 접수를 말하는 것이 아니라, 순종하려는 마음 자세를 지칭하는 표현이다. 그러면서 시편 기자는 이스라엘 백성이 광야 40년 동안 하나님께 드러낸 반역적 태도를 타산지석의 신앙 교육 자료로 제시한다**8-11절**.

이 말씀 가운데에는 마음의 왜곡 상태와 연관하여 두 가지 사항이 나타난다. 첫째, 하나님의 음성을 들으려면 마음을 완악하게 해서는 안 된다**8절**. 시편 기자는 구체적인 예로서 이스라엘 백성이 므리바 혹은 맛사에서 하나님을 시험한 사건**출 17:1-7, 특히 7절**에 우리의 주목을 집중시키고 있다. 이 사건은 그들의 마음이 돌처럼 굳어져서 하나님을 신뢰하지 않고 불신과 원망으로만 치달았음을 보여 준다.

둘째, 하나님의 음성을 들으려면 마음이 미혹되어서는 안 된다**10절**. 10절 말씀은 그들의 마음이 여호와 하나님의 법도와 뜻으로부터 빗나가 있음을 지적하고 있다. 어쩌다가 한두 번 그런 것이 아니고 40년 내내 지속적으로 그랬기 때문에, 그 40년 동안 하나님의 마음은 온통 혐오(10절의 "근심"은 '혐오'로 번역하는 것이 낫다)와 분노로 가득했다고 말한다.

그런데 이스라엘 백성이 하나님을 예배한다고 하면서도 내면으로 왜곡된 마음을 품는 일은 과거 광야 40년의 방황 시절에만 있던 바가 아니었다. 이런 일은 시편 기자가 시편 95편을 지을 당시에도 마찬가지로 존재했다. 그때에도 여전히—세

부적인 역사적 정황이야 달랐겠지만—완악한 마음과 미혹된 마음이 참 예배를 가로막는 장애 요인으로 작용했던 것이다. 이것은 오늘날에도 마찬가지이다. 완악한 마음과 미혹된 마음의 표현 방식이 그 옛날과 같지는 않지만, 오늘날에도 여전히 우리의 예배에는 왜곡된 마음 상태가 스며들 수 있기 때문에 이를 경계해야 한다.

그렇다면 왜곡된 마음 상태는 오늘날 우리의 예배에서 대개 어떤 식으로 표출될까? 이에 대해서는 이미 1장 끝부분에서 네 가지 항목으로 묘사한 바 있다. 그러나 사안의 중차대함을 감안하여 문제점을 다시금 거론하고자 한다. 첫째, 외관주의를 경계해야 한다. 예배 의식, 외형적 화려함, 표면상 분위기, 체면과 예의에는 신경을 쓰고 관심을 쏟되 그 예배를 받으시는 하나님께는 전혀 마음을 쏟지 않을 수가 있다. 그렇기 때문에 우리는 하나님께서 예배자에게 기대하시는 것은 우리의 외적 면모가 아니라 우리의 내면적 심령 상태임을 끊임없이 상기해야 할 것이다.

둘째, 형식주의의 올무 또한 우리의 심령에 족쇄로 작용할 수 있다. 모든 예배에 꼬박꼬박 참석하고 예배의 각 순서에는 충실하면서도, 하나님께 대한 섬김의 각오, 전적 순종과 충성의 마음가짐은 동반되지 않는 수가 있다. 그러므로 예배의 근본정신이 무엇인지 반복적으로 되새겨야 하고, 무엇보다도 각 예배 순서가 영과 진리의 정신을 자극하고 발현하는 데 활용되도록 세심히 주의를 기울여야 할 것이다.

셋째, 수동주의를 조심해야 한다. 이것은 예배 내내 마음의 문을 닫아걸든지 아니면 매우 미온적으로 반응하는 예배자의 태도를 가리킨다. 그러나 이미 이번 장의 초두에서 밝힌 바와 같이, 예배에 참석하는 그리스도인 모두는—공동체 내에서의 직분 여부에 상관없이, 또 당일 예배에서의 책임 유무와 무관하게—능동적으로 하나님을 경배하고 왕으로 높여야 한다. 이야말로 예배자의 특권인 동시에 의무이기 때문이다.

끝으로 이분주의적 경향에 대해서도 미연의 방지가 필요하다. 이분주의란 우리가 공적 예배를 통해서는 예배의 정신을 강조하고 지켜 나가면서도, 공적 예배 외의 일상생활에서는 그 정신을 망각하든지 도외시하는 분열증적 자세를 의미한다. 그러나 예수 그리스도께서 우리의 왕이신 것(또 우리가 그분만을 섬기고 왕으로 높여 드리는 것)은 공적 예배 때에만 해당되는 것이 아니며, 우리의 일상적 삶에서도 여전히 그러하심을 지속적으로 인정해야 한다.

만일 우리가 오늘날 참 예배를 방해하는 이러한 왜곡된 마음 상태—외관주의, 형식주의, 수동주의, 이분주의—를 효과적으로 처리한다면, 우리는 우리의 하나님을 참되이 예배하게 될 것이고 그 예배를 통해 그의 음성을 들을 수 있을 것이다. 그러나 이런 것들을 옳게 다루지 못한다면, 우리는 예배를 드린다고 하면서도 실상은 마음의 완악함과 미혹에 얽매인 채

위선과 이중성으로 가득 찬 거짓 예배를 연출하는 셈이 될 것이다.

당신의 예배는 어떠한가? 또 우리의 예배는 어떠한가? 그저 예배당만 밟거나 예배 의식에만 급급하는 것이 아니라 진정 그리스도의 보혈을 통해 하나님 앞에까지 나아가고 있는가? 우리는 그분께 나아가 우리의 허리를 굽히고 무릎을 꿇으며 종으로서 섬기고자 다짐하고 충성을 다하겠노라 약속하고 있는가?

우리의 예배 순서(말씀 선포, 기도, 찬송, 성찬 등)와 표현 수단(언어, 목소리, 춤, 시, 음악 등)은 진실로 하나님을 영과 진리로 예배할 목적하에, 또 하나님을 창조주와 구원주로 모시고 충성을 다짐하는 수단으로서 아름답고 적실히 사용되고 있는가?

우리는 우리의 예배 정신을 잠식하는 영혼의 복병들—마음의 완악함과 마음의 미혹—을 민감히 알아채고 경계하며, 이 시대에도 여전히 예배를 통해 하나님의 음성을 세밀히 청종하는 그러한 예배자로 세워져 가고 있는가?

예배 때마다 묻고 또 물어야 할 질문이다.

10

생활 예배

내 삶의 주인은

로마서 12:1

그러므로 형제들아! 내가 하나님의 모든 자비하심으로 너희를 권하노니 너희 몸을 하나님이 기뻐하시는 거룩한 산 제물로 드리라. 이는 너희가 드릴 영적 예배니라.

의식과 생활

하나의 종교가 그 신봉자들 사이에서 얼마나 강한 생명력을 유지하고 있는가의 문제는, 두 가지 기준에 따라 평가되어야 할 것이다. 하나는 의식儀式 중심의 활동에 관한 것이요, 다른 하나는 일상생활에서 자기 종교의 가치관을 얼마나 구현해 내느냐 하는 것이다. 만일 이 두 가지가 빠짐없이 갖추어져 있다면, 그 종교는 소임에 충실한 것으로 볼 수 있다.

이것은 기독교의 경우에도 크게 다르지 않다. 기독교가 살아 있는 종교로서 이 세상 가운데 하나님의 뜻을 펼쳐 나가려면, 위에서 언급한 두 항목 모두에서 결여되는 점이나 위축의 면모가 발견되지 않아야 한다. 우선, 그리스도인들은 한결같은 경외심을 가지고 의식으로서의 예배에 꾸준히 참여해야 한다. 또 예배 이후의 삶에서 기독교적 가치와 윤리 실천의 의지가 선명히 배어나야 한다.

하지만 우리는 이 점과 관련하여 두 가지 극단적 패턴을 발견하곤 한다. 어떤 시대 어떤 지역의 기독교를 보면 의식 중심의 종교 활동은 강하고 활발한데, 삶을 통한 기독교적 가치의 발휘 면에서는 명맥조차 이어지지 않는 것 같은 현상을 발견한다. 반대로 예배 등 의식 위주의 종교 활동 면에서는 미미하면서도 생활에서는 기독교적 정신이나 가치관의 흔적이 뚜

렷이 나타나는 경우를 접하기도 한다.

앞에서 설명한 두 가지 패턴 가운데 후자는 20세기 및 오늘날 유럽의 교회 모습을 잘 반영하고 있다. 유럽인들은—심지어 그리스도인이라고 자처하는 이들 가운데도—대체로 제도화된 교회(및 예배)를 기피하는 경향이 있다. 그런데도 사회의 구석구석, 사람들의 가치관과 문화생활은 어느 정도 기독교적 정신을 반영하고 있다. 반대로 전자의 사례로는—안타깝게도—한국 교회가 그 대표라고 지적하지 않을 수 없다. 한국의 그리스도인들은 모이고, 예배드리고, 종교적 활동을 벌이는 데는 열정적이지만, 일단 삶의 영역으로 들어가서는 하나님을 예배의 주인으로 모신다고 하면서도 공의와 진실을 구현하지 못한다는 비판에 직면해 있다.

의식과 생활의 괴리, 이것은 이스라엘 백성의 문제이기도 했다. 그래서 선지자들은 이러한 분열증적 증세를 통렬히 비판했으며, 이스라엘 백성의 삶이 예배 정신과 일치해야 한다는 것을 비통한 심정으로 갈파했다. 먼저, 이사야 선지자의 외침을 살펴보자.

사 1:11-17 [11]여호와께서 말씀하시되, "너희의 무수한 제물이 내게 무엇이 유익하뇨? 나는 숫양의 번제와 살진 짐승의 기름에 배불렀고 나는 수송아지나 어린 양이나 숫염소의 피를 기뻐하지 아니하노라. [12]너희가 내 앞에 보이러 오니 이것을 누가 너희에게 요구하였느냐? 내 마당만 밟을 뿐이니라. [13]헛된 제물을 다시 가져 오지 말라. 분향은 내가 가증히 여기는 바요 월삭과 안식일과 대회로 모이는 것도 그러하니 성회와 아울러 악을 행하는 것을 내가 견디지 못하겠노라. [14]내 마음이 너희의 월삭과 정한 절기를 싫어하나니 그것이 내게 무거운 짐이라. 내가 지기에 곤비하였느니라. [15]너희가 손을 펼 때에 내가 내 눈을 너희에게서 가리고 너희가 많이 기도할지라도 내가 듣지 아니하리니 이는 너희의 손에 피가 가득함이라. [16]너희는 스스로 씻으며 스스로 깨끗하게 하여 내 목전에서 너희 악한 행실을 버리며 행악을 그치고 [17]선행을 배우며 정의를 구하며 학대받는 자를 도와주며 고아를 위하여 신원하며 과부를 위하여 변호하라" 하셨느니라.

비슷한 맥락에서 선지자 미가의 따끔한 지적에도 귀를 기울여 볼 만하다.

미 6:6-8 [6]내가 무엇을 가지고 여호와 앞에 나아가며 높으신 하나님께 경배할까? 내가 번제물로 일 년 된 송아지를 가지고 그 앞에 나아갈까? [7]여호와께서 천천의 숫양이나 만만의 강물 같은 기름을 기뻐하실까? 내 허물을 위하여 내 맏아들을, 내 영혼의 죄로 말미암아 내 몸의 열매를 드릴까? [8]사람아! 주께서 선한 것이 무엇임을 네게 보이셨나니 여호와께서 네게 구하시는 것은 오직 정의를 행하며 인자를 사랑하며 겸손하게 네 하나님과 함께 행하는 것이 아니냐?

그렇다고 하여 의식으로서의 예배를 모두 폐하라든지, 전혀 무시해도 좋다든지 하는 것은 아니다. 이것은 또 하나의 잘못이 될 것이다. 단지 이상의 구절에서 강조하고자 하는 바는 우리의 생활이 예배 정신과 일치해야 한다는 것이다. 우리는 계속해서 영과 진리로 공적 예배를 드려야 하되, 그러한 예배 정신이 예배 이후의 일상적 삶과 생활 영역 가운데 그대로 반영되어야 한다는 것이다.

그렇다면 어떻게 하면 예배 의식과 삶의 현장 사이의 괴리를 극복할 수 있을까? 영과 진리로 예배를 드린 예배자가, 어떻게 하면 자신에게 주어진 삶의 환경을 동일한 예배 정신 가운데 살아 낼 수 있을까? 이에 대한 대답은 '생활 예배'에서 찾을 수 있다. 다시 말해서 '생활 예배'가 무엇이고 어떻게 드리는지 알게 된다면, 그리스도인 각 개인과 한국 교회의 구성원들 사이에 깊이 뿌리내린 예배와 삶 사이의 이원화된 간극 문제는 서서히 회복을 향해 희망의 발걸음을 내딛게 될 것이다.

'생활 예배'에 대한 안내

▽ 생활 예배의 개념

생활 예배란 '우리의 일상생활을 구성하는 모든 영역과 활동 가운데 하나님을 우리의 왕과 주인으로 인정하고, 삶의 현장을 통하여 주께서 맡기신 사명을 감당함으로써 주님을 영화롭게 하려는 마음 자세'라고 정의할 수 있을 것이다.

이 정의에는 생활 예배의 정체를 파악할 수 있게끔 도움을 주는 네 가지 요소가 있다. 첫째, 생활 예배 역시 예배이기 때문에, 그 예배의 대상은 의식으로서의 예배 때와 똑같이 하나님이시다. 둘째, 의식으로서의 예배 때와 마찬가지로 생활 예배에서 가장 중요한 것도 예배 정신—하나님을 왕과 주인으로 높이려는 마음 자세—이다. 만일 이것이 결여된다면, '생활 예배'는 허울은 좋으나 실상은 공허한 신조어 신세를 면하지 못할 것이다. 셋째, 생활 예배의 중심 장소는 '일상생활' 혹은 '삶의 현장'이다. 가정, 학교, 회사, 사회 등 모든 영역이 생활 예배의 처소라고 할 수 있다. 넷째, 생활 예배에서는 예배의 수단과 삶에서의 활동이 그 내용상 거의 일치한다. 우리는 삶의 활동을 통해 하나님께 예배하고 하나님에 대한 예배의 수단으로서 삶의 활동을 수행하기 때문이다.

∇ 생활 예배의 성경적 근거

'생활 예배'라는 용어는 성경에 등장하지 않는다. 그러나 생활 예배의 개념만큼은 성경의 가르침 속에서 찾을 수 있다고 생각한다. '생활 예배'를 정당화하는 데 가장 근접하는 성경 구절을 찾는다면, 로마서 12장 1절과 골로새서 3장 22-24절일 것이다.

로마서 12장 1절 말씀은 우리의 몸이 참여하는 모든 활동이 예배임을 가르쳐 준다는 점에서 의미심장하다. 그런데 우리의 관심사는 우리가 제물로 드리는 '몸'이 과연 무엇을 의미하는가 하는 것이다. 어떤 이들은 이것을 '인격person' 혹은 '자아self'로 해석한다. '몸'은 통상 인간을 구성하는 신체적 부분을 지칭하지만, 여기서는 제유법提喩法, synecdoche으로 보아 결국 인간 전체를 가리킨다고 해석한 것이다.[1] 즉, 우리는 우리의 전全 존재—자아, 인격—를 하나님께 제물로 드려야 한다는 것이다.

이런 해석을 지지하면서도, '몸'이라는 단어가 풍기는 신체성physicality의 뉘앙스만은 놓치지 않는 것이 중요하다. 제임스 던James Dun, 1939-2020은 이 점을 다음과 같이 명확히 설명한다.

> 그러나 여기에서 강조되어야 할 것은 소마σῶμα가 그저 인격체가 아니라 신체성corporeality을 지닌 인격체, 이 세상 속에서 구체적 관계 가운데 있는 인격체를 지칭한다는 점이다. 그는 몸이기 때

문에 세상을 경험할 수 있고 다른 이들과 관계를 맺을 수 있는 것이다. 몸의 봉헌을 "내면적 헌신inner consecration"과 대조되는 것으로 생각해서는 안 되고, 오히려 **매일의 삶이라는 구체적 현실 속에서 몸으로 체현해 낸다는 개인적 헌신 행위**—영화靈化, spiritualizing하기보다는 "육화肉化, somatizing하기"라고 할 수 있는 데—로 생각해야 할 것이다. **그리스도인에 의해 드려질 예배는 세상의 일부로서 또 세상 속에서 이루어져야 한다.**[2] [강조는 인용자의 것]

이처럼 우리의 모든 영적 활동은 신체성과 연결이 되어 있고, 동시에 몸이 관련된 모든 활동은 영적 성격을 보유한 것이다.

이런 시각에서 볼 때 신약적 의미의 제사란 그리스도인이 자신의 몸을 바치는 것이고, 또 몸이 개입되는 모든 일, 행동, 활동은 영적 예배가 된다. 자신을 하나님께 바친다는 근본적 헌신의 자세만 우리에게 갖추어져 있다면, 우리의 몸이 참여하는 영역이 종교적(공적 예배, 큐티, 신우회 모임, 준비 기도회 등)이든 일상적(휴식, 실험, 공부, 여행, 물건 구입, 헬스클럽 이용, 설거지, 회의 등)이든 간에, 이 모든 활동은 얼마든지 영적 예배로 간주될 수 있을 것이다. 이 가운데 종교적 영역의 활동은 의식儀式 예배로서 이미 '예배'로 인정되고 있다. 그러나 몸이 참여하는 일상적 영역의 활동 역시 종교적 활동과 마찬가지로 영적 예배로 간주할 수 있고, 바로 이 부분을 가리켜 생활 예배라 칭하는 것이다.

또 골로새서 3장 22-24절 말씀은 우리가 수행하는 일상사조차도 예배의 가치를 갖고 있음을 보여 준다.

> [22]종들아! 모든 일에 육신의 상전들에게 순종하되 사람을 기쁘게 하는 자와 같이 눈가림만 하지 말고 오직 **주를 두려워하여 성실한 마음으로 하라**. [23]**무슨 일**을 하든지 **마음을 다하여 주께 하듯 하고** 사람에게 하듯 하지 말라. [24]이는 기업의 상을 주께 받을 줄 아나니 **너희는 주 그리스도를 섬기느니라.**

상기 구절은 노예 출신의 그리스도인들을 위한 권면을 담고 있다. 그런데 이 권면으로부터 우리는 일상적 삶에 대한 귀한 통찰력을 얻을 수가 있다. 그 당시 종들에게는 그야말로 천하고 보잘것없는 일거리들이 주어졌다. 욕탕에 물 채우기, 음식 나르기, 잔치 준비와 뒤처리, 주인의 잔심부름 등이 그 당시 종들이 하는 일이었다. 위의 말씀에서 "모든 일"**22절** 혹은 "무슨 일"**23절**은 바로 이런 일들을 가리키는 것이다. 그런데 이런 종류의 일은 누가 보아도 참으로 저속하고 비천한 임무menial tasks였다. 왜 그랬을까?

첫째, 종들이 하는 일은 그리스도인들이 볼 때 세상적인—영적인 성격의 일이 아니므로—것이었다. 다시 말해서 영혼

구원이나 말씀 선포 등과 달리 그저 '세상의 일'에 불과했다. 둘째, 종들이 하는 일은 이 세상의 가치관에 비추어 보아도 초라하기 짝이 없는 것이었다. 세상적인 일이라 해도, 고급 관리의 직책을 맡는다든지, 정치적 의사 결정에 관여한다든지, 아니면 만물의 원리를 탐구한다든지 하는 것이라면 그 나름대로 높은 가치를 부여할 수 있었을 것이다. 그러나 종들이 하는 일은 두 가지 면 모두에서 결격이었다.

그런데 이토록 세상적이고 무가치해 보이는 노예의 일거리들도, 만약 그들에게 올바른 태도와 정신만 견지된다면 놀라운 신앙적 가치를 보유한 것으로 인정될 수가 있었다. 그렇다면, 도대체 '올바른 태도와 정신'이란 무엇일까? 22절에는 그것이 "주를 두려워하여 성실한 마음으로" 하는 것으로, 23절에는 "마음을 다하여 주께 하듯" 하는 것으로 나타나 있다.

여기에는 적어도 두 가지 사항이 포함되어 있다. 첫째, 일을 할 때 올바른 마음 자세가 동반되어야 한다는 것이다. "성실한 마음"22절은 '마음의 단순함/진실함'을 의미하는데 우리말로 하자면 '일편단심'과 통하는 개념이다. 또 "마음을 다하여"23절는 문자적으로는 '심령으로부터from the soul'라는 뜻으로서 일을 하는 동기가 마음으로부터 우러나와야 함을 나타낸다.

둘째, 주님 앞에서 일을 해야 한다. 즉, 주님을 앞에 모시고 주님이 보시는 가운데 맡겨진 임무를 다하는 것이다. 어떤 이들은 이것을 '코람 데오*Coram Deo*, 하나님 앞에서' 정신이라고 했다. '주를 두려워함'22절이나 '주께 하듯 함'23절은 바로 이러한 태도를 가리키는 것이다. 종은 자신이 일하는 그 현장에 주께서 임재해 계시기 때문에 그 주님을 경외하는 가운데 일해야 한다.

이러한 두 가지 태도를 가지고 일한다면, 종이 하는 세상적이고 비천한 일들도 놀라운 신앙적 가치를 보유하게 된다. 24절에 기록된 내용에서 그러한 가치를 두 가지로 도출할 수 있다. 첫째, 그는 기업의 상을 주께 받는다. 노예에게 부과된 천한 일을 하면서도 그 마음이 올바르면, 주님께 상급을 받는다는 것이다. 이것은 노예가 하는 일에 대해서도 굉장한 종교적 가치를 부여할 수 있다는 뜻이 된다.

둘째, 주 그리스도를 예배하는 계기가 마련된다. 여기에 등장하는 동사 '섬기다'는 광의적 예배 개념을 함의하고 있다.[3] 그렇다면 종들이 세상적이고 비천한 일을 수행하고 있다 할지라도 올바른 마음 자세만 견지한다면, 그들은 예배를 드리는 것과 똑같이 가치 있는 일에 참여하는 것이다.

노예가 하는 천한 일과 관련하여 거론한 두 가지 영적 의의 가운데 후자가, 현재 우리가 논의하고 있는 생활 예배의 주제와 긴밀히 연관되어 있다. 노예의 일들이 생활 예배의 수단으로 작용했다면, 하물며 오늘날 우리의 삶은 어떻겠는가? 우리가 삶의 현장에서 수행하는 크고 작은 일들—비록 그것이 신앙적이고 종교적인 성격의 사안이 아니라 하더라도—은,

하나님께서 보시기에 예배의 가치를 가지는 것이고, 따라서 우리의 일상적 삶은 예배의 계기를 마련해 주는 것이다.

생활 예배를 향하여

생활 예배는 이토록 중요한 신앙적 의미를 가졌음에도 불구하고 의식 예배만큼 주목을 받지 못하고 있다. 그 이유는 물론 인식의 부족 때문이다. 그러나 혹시 생활 예배의 성경적 근거를 배우고 그 필요성에 대해 들었다 해도, 막상 우리의 삶 가운데에서 생활 예배를 실행하고자 하면 많은 난관에 부딪힌다. 따라서 생활 예배의 과제에 따른 문제점을 네 가지로 소개하고, 각각의 문제점에 대한 해결책을 제시하고자 한다.

∇ 첫째 사항 : 일상생활의 영적 가치에 대한 회의

문제점

생활 예배에 대해 설명하고 개념을 소개했지만 대부분의 그리스도인들은 아직도 이 용어나 내용에 대해 낯설다는 느낌을 받기가 쉬울 것이다. 왜냐하면 우리의 일상생활이 과연 그렇게 신앙적 가치를 지니고 있는지—예배적 가치는 차치하고

서라도—조차 확신하지 못하기 때문이다.

해결 방안

생활 예배가 일상생활을 매개로 한 예배이기 때문에 더욱 근본적으로 필요한 일은, 일상생활에 과연 신앙적인 가치를 부여할 수 있는가 하는 것부터 해결해야 한다. 일상생활이 신앙적으로 가치가 있다는 것은 두 가지 사항에 의거해 설명이 가능하다.

첫째, 일상생활이 신앙적으로 긍정적 가치를 갖는 것은 성경의 세계관이 제시하는 바이다. 기독 신앙은 종교적 영역의 사항과 활동뿐만이 아니라 일상적 영역의 모든 것과도 연관이 된다. 일상생활을 구성하는 제 요소—'만물'의 범주에는 이런 요소들도 포함이 되는데—는 그리스도의 창조에 의해 생겨났고요 1:3; 골 1:16, 그의 말씀으로 유지되고 있으며골 1:17; 히 1:3, 그의 십자가의 피로 하나님과 화목하게 되었다골 1:20. 따라서 우리는 먹든지 마시든지 무엇을 하든지 하나님의 영광을 위해고전 10:31, 그리스도의 이름으로골 3:17 해야 하며, 일상생활을 포함해 무슨 일을 하든지 주께 하듯 해야 한다골 3:22-23. 일상생활은 하나님의 영광을 반영하고, 신앙적 가치관을 실현하는 구체적 훈련의 장인 것이다.

둘째, 성경은 우리의 일상생활이 하나님께서 함께하실 만큼 가치 있다고 말한다. 예수 그리스도께서 "세상 끝 날까지 너희와 항상 함께 있으리라" 마 28:20라고 약속하셨을 때, 이것은 꼭 종교적인 영역에서의 활동과만 연관된 것이 아니었다. 왜냐하면 그리스도께서는 영적 영역의 권세만을 받으신 분이 아니고("하늘과 땅의 모든 권세", 마 28:18), 그의 가르침 또한 이른바 '영적' 항목으로만 구성되어 있는 것도 아니기 때문이다("내가 너희에게 분부한 **모든 것**", 마 28:20). 따라서 그는 우리와 '항상'—우리가 종교적 영역에 관여하든 일상적 활동 가운데 있든—함께하신다고 약속하신 것이다.

그런데 하나님의 임재에 대한 이 약속은 우리의 믿음만 있으면 얼마든지 실현된다. 이 약속이 우리의 것이 되기 위해서, 우리가 하나님의 임재에 대한 독특한 의식consciousness을 보유해야 하는 것은 아니다.[4] 어떤 경우에는 그러한 의식을 보유할 수도 있을 것이다. 그러나 대부분의 경우에는 그렇지 않다. 그렇다고—우리에게 독특한 의식이 없다고—해서 하나님께서 자신의 임재를 거두어 가시는 것은 아니다. 우리가 일상생활에 임하면서 하나님의 임재 약속을 믿음으로 받아들이는 한, 그에 걸맞은 의식이 있든 없든 하나님은 항시 우리와 함께하시는 것이다.

일상생활이 이러한 가치를 보유하고 있기 때문에, 우리는 그것을 매개로 하여 생활 예배를 드릴 수 있는 것이다.

▽ 둘째 사항 : 예배에서 목회자가 주도권을 잡아야 한다는 의식

문제점

주일 예배 시에는 목회자가 모든 주도권을 가지고 사역하기 때문에 그리스도인들은 수동적으로라도 참여만 하면 일단은 '만사 오케이'였다. 그러다 보니 아예 수동성이 몸에 배게 되었다. 그러나 이것이 의식으로서의 예배에서는 생활 예배에서만큼 치명적이 아니다. 혹시 우리가 주일 예배를 수동적이고 미온적으로 드린다 해도, 최소한 외형상으로는 예배가 유지되는 법이다. 그러나 생활 예배에서는 그렇지 않다. 만일 내가 수동적이고 미온적인 자세를 취하고 있으면, 아예 예배를 드릴 수 없게 된다. 왜냐하면 삶의 현장에서는 나 자신이 주도적 역할을 감당하지 않으면 그 누구도 나를 대신하여 삶의 활동을 수행해 줄 수 없기 때문이다.

해결 방안

이 경우에는 그저 정면 돌파라는 강력한 대응밖에 해결책이 없다. 먼저, 그리스도인이 자신의 삶 가운데 생활 예배를 수행하는 것은 피할 수 없는 사안임을 자각해야 한다. 우리는 몸이 개입하는 삶의 모든 영역에서 자신을 산 제사로 드려도 되고 안 드려도 되는 것이 아니라, 반드시 드려야 한다. 생활 예배는 자신이 싫으면 마다할 수 있는 선택 사항이 아니다.

그러므로 항시 목회자에게 모든 것을 떠맡기는 회피적 의존 자세로부터 탈피해야 한다. 우리가 초신자로 있을 때, 또 성숙하고 나서도 어떤 사항—전문적인 신학 지식, 성경 해석의 문제, 하나님과의 관계에서 생기는 각종 의문이나 난점들 등—에서는, 크고 작은 정도로 반드시 목회자의 도움이 요구된다. 그러나 생활 예배에서는 목회자가 이렇다 할 도움을 줄 수가 없다. 왜냐하면 생활 예배와 관련해서 목회자는 어디까지나 코치이지 그리스도인의 삶을 대신 살아 주는 플레이어는 될 수가 없기 때문이다.

따라서 각 그리스도인은 "내가 아니면 아무도 할 수 없다"라는 비장하고 결연한 심정 가운데 삶의 터전으로 나아가야 한다. 아무도 도와줄 수 없는 것이기에 스스로 주도권을 잡고 생활 예배에 임해야 한다. 숱한 고난과 시행착오가 있겠지만, 그런 것들을 딛고 일어나 생활 예배자의 길을 걸어야 한다.

▽ 셋째 사항 : 예배 정신을 유발하는 수단들의 결여

문제점

우리는 일상생활 속에서 진정한 예배 정신, 열렬한 신앙심, 하나님에 대한 임재 의식을 갖지 못하는 수가 허다하다. 그것은 의식으로서의 예배 때와 달리 그런 예배 정신을 유발하는 수단들—예를 들어, 찬송가, 권면의 말, 신앙심을 일깨우기 위한 상징들—이 현저히 결여되어 있기 때문이다.

해결 방안

우리의 종교의식은 종종 상징과 매개물을 통해 유발되고, 그로 인해 우리의 심령은 거룩한 자극을 받는다. 예를 들어, '기도하는 손' 그림은 환난과 핍박 가운데서 마지막 순간까지도 주님만을 의지했던 어느 그리스도인 선구자의 이야기를 상기시키고, 그 순간 내게도 그러한 염원과 동경의 불꽃이 타오르는 것을 느끼게 된다. 교회 종탑 뒤의 청년부 기도실은 하나님께 생애를 다 바치기로 결심했던 지난날의 어떤 사건을 떠올려 준다. "너 예수께 조용히 나가 네 모든 짐 내려놓고"라고 찬양만 시작하면 나의 온 심령은 잔잔한 즐거움과 평안으로 가득해진다.

우리의 예배 처소와 의식으로서의 예배 환경에는 이러한 각종 상기물想起物, reminders이 엄청나게 많이 준비되어 있다. 이런 것들은 알게 모르게 우리의 신앙심과 종교적 열정을 불러일으키고, 마음을 하나님께 향하도록 자극한다. 하지만 삶의 터전에서는 전혀 그렇지 않다는 게 문제이다. 따라서 우리 각자는 일상생활 현장에서 자기 나름대로 상기물을 찾아내든지 만들어야 한다. 하나님의 살아 계심, 지혜로우심, 사랑 많으심 등을 우리에게 일깨우고 지속적으로 영적 자극을 부여할 수 있는 그런 상징들(글, 그림, 사건, 인상 등등)이 필요하다.

상기물은 크게 세 가지 영역으로 분류해 볼 수 있다. 첫째, 자연 세계이다. 구름, 하늘, 달, 수목, 시냇물, 태양, 별빛, 오리너구리, 종유석, DNA 구조, 화성 등이 모두 이에 속한다. 시편 기자 역시 하늘, 날, 밤, 해시 19:1-6, 동식물시 104:10-30 등을 통해 하나님이 어떠하신지를 상기했다. 주께서도 공중 나는 새와 들의 백합화를 통해 천부의 손길을 말씀하셨다마 6:26-30.

둘째, 문화적 산물이다. 오늘날 우리가 살고 있는 도시는 대부분 문화적 산물로 둘러싸여 있다. 인간이 이런 작품, 제도, 관습을 산출하고 형성할 수 있는 이유는, 그가 근본적으로 하나님의 형상을 따라 지음 받았고, 그로 인해 만물을 다스릴 수 있게 되었기 때문이다창 1:26-28. 따라서 비록 우회적이고 간접적이기는 하지만, 문화적 산물—컴퓨터, 자동차, 결혼 제도, 예술품, 음악회, 종탑, 문화재 등—역시 하나님의 지혜와 선하심을 상기시키는 수단이 될 수 있다.

셋째, 인간 자신이다. 인간은 하나님을 닮은 존재이다. 따라서 인간관계와 상호 교류 또한 하나님의 능력과 지혜로우심을 상기시키는 수단이 된다. 비록 인간이 죄투성이 존재이고, 타락한 인간은 서로 간에 갈등, 질시, 증오, 경쟁, 소외 등으로 그릇되게 반응하고 있지만, 그래도 인간은 여전히 하나님의 형상을 지닌 존재이다약 3:9. 따라서 인간 또한 하나님의 사랑과 선하심을 일깨우는 중요한 상기물 역할을 할 수 있다.

우리의 일상생활은 실상 이러한 세 가지 종류의 상기물로

꽉 차 있다. 우리에게 내면적 훈련이 이루어진다면, 비종교적이고 신앙 부재적으로 여겨지는 세상의 환경 속에도 하나님께 주의를 돌리게 하고 하나님을 왕으로 찬양할 수 있게 돕는 수많은 수단이 존재함을 깨닫게 될 것이다.

▽ 넷째 사항 : 일상생활 중 불편한 부분과 신앙적 가치

문제점

우리의 일상생활 가운데 어떤 부분은, 어쩐지 공개하고 싶지 않은—누구든지 다 알면서도 말하기는 꺼리며 쉬쉬하는—불편한 종류의 활동과 연관이 된다. 우선, 죄 된 영역의 삶이 있다. 성적 부도덕, 뇌물 수수, 부정행위, 세금 조작 등이 그런 예이다(개인이 통제할 수 없는 구조적 죄악에의 연루 행위도 포함된다). 또 꼭 죄라고까지는 할 수 없지만 어쨌든 적극적인 가치를 부여하기에 난감하다고 생각하기 쉬운 그런 일들—거래처에서의 승강이, 파업 주도, 물건 흥정, 법무 이사와의 말다툼, 술자리가 포함된 회식 자리 참여, 주일의 해외 출장, 기금 확보를 위한 캠페인—또한 무시할 수 없다. 게다가 윤리적 성격과 무관하지만(혹은 윤리적 성격에 저촉되지 않지만) 공적으로 드러나면 수치스러운 일들—배설 행위, 부부의 성관계, 생리 기간의 행동거지, 성적 공상, 코딱지 처리에 대한 습관, 자는 모습, 신체 기관의 기형적 특징, 화·짜증·신경질의 분출, 과거로 인한 마음의 상처 등—역시 이 범주에 들어간다고 할 수 있다.

해결 방안

일상적 삶의 영역 가운데 여러 경우들은 신앙적 가치 부여를 어렵게 만드는 것이 사실이다. 그러나 그 이유를 자세히 분석해 보면, 제시된 근거가 일상생활에 대한 것이 아니거나 근거 자체가 잘못 형성되어 있음을 알게 된다. 그런데 이러한 '불편함'의 이유도 각각 다르므로, 해결책 제시를 위해서는 각 사항을 따로따로 다룰 수밖에 없다.

1. 고의적이고 명백한 죄악을 포함한 일상생활은 결코 신앙적 가치를 보유할 수 없다. 이 경우 해당자는 즉시 죄를 자백하고 깨끗함을 받아야 한다. 이렇게 죄악을 포함한 일상생활이 문제되는 것은, 그 일상생활 자체가 본질상 비신앙적인 것이기 때문이 아니라 그것이 죄악에 연루되었기 때문이다. 앞에서 살펴보았듯이 일상생활은 하나님 앞에서 긍정적 가치를 지닌다.

2. 구조악의 경우(자기로서는 회개하고 깨끗이 살고자 몸부림을 친다고 해도 현재의 생활 영역에 머물러 있는 한 악이 당장 제거되지 않는 상황을 의미)에는, 문제가 좀 더 복잡하다. 이는 자신이 현재로서는 통제할 수 없는 사회적·집단적 악에 연루된 것이기 때문이다. 따라서 '당면한 악에 대한 인식', '도덕적 혐오감', '자신의 한계 인정'**왕하 5:17-18**, '장기적 안목에서의 변화에 대한 열

망' 등을 가지고 그 생활 영역에 남는다면,[5] 하나님께서는 그와 함께하시고 그와 그의 일은 하나님께 가납嘉納된다고 할 수 있을 것이다.

3. 윤리적인 회색 지대에서의 삶 역시 신앙적 가치 부여를 어렵게 만드는 것이 사실이다. 그러나 이에 대한 이해를 위해 야곱의 삶을 소개하고자 한다. 야곱은 외삼촌 라반과 함께 살면서 배우자 문제와 관련하여 꾀임에 빠졌고창 29:25, 품삯을 정하는 일에서는 몇 번씩이나 농락을 당했다창 31:7, 41. 그러나 그는 가축의 증식에 대한 전략으로 분주했고창 30:37-43, 가축들을 짐승으로부터 지키느라 밤낮으로 안간힘을 썼으며창 31:39-40, 외삼촌에 대해 연막전술창 31:17-21과 정면 공격창 31:36-42으로 응수하기도 했다. 그런데 이런 모든 과정과 관련하여 하나님께서 야곱과 함께하셨다고 말한다창 31:5, 42. 물론 우리의 일상적 삶에서 비윤리적이고 죄악된 것은 정당화될 수 없다. [야곱도 외삼촌과의 생활에서는 상당히 정직했다창 31:38-41]. 그러므로 선과 악이 명확히 규명되기 힘든 도덕적 회색 지대, 다시 말해서 신앙적으로 받아들이기가 어렵게 느껴지는 그런 영역에서의 삶이라 할지라도, 만일 우리가 양심의 깨끗한 증거만 보유하고 있다면 놀랍게도 거기에는 하나님께서 함께하시는 법이다.

4. 우리의 성적·생리적·신체적 양상은 결코 하나님으로부터의 호의를 받아 누리는 일에 방해가 되지 않는다. 구약 시대에는 이런 것들이 부정不淨한 일에 속했고, 하나님과의 관계를

가로막았다. 예를 들어, 어떤 종류의 음식물 섭취는 부정한 것이었고레 11:1-23, 짐승의 시체를 접촉하면 부정해졌으며레 11:39, 피부병의 감염레 13:1-8 · 남성의 설정泄精 레 15:16 · 여성의 유출레 15:19이 부정의 원인이었는가 하면, 고환이 상한 자나 음경이 잘린 자(거세된 자, 신 23:1)와 사생아신 23:2는 하나님의 백성 가운데 참여할 수가 없었다.

그러나 신약 시대가 밝으면서 이런 모든 신체적·생리적 조건들은 하나님과의 관계 수립에 하등의 장애 요인이 될 수 없게끔 무력화되었다. 다시 말하자면, 여성의 생리일에도, 부부가 성관계를 할 때에도, 돼지고기를 먹을 때에도, 또 피부병 치료를 받으러 갈 때에도, 하나님께서 함께하신다. 성기능을 다하지 못하는 이와 사생아의 삶에도 하나님은 기꺼이 함께하신다. 왜냐하면, 신약 시대에는 그리스도께서 법조문으로 된 계명의 율법을 자기 육체로 폐하셨기엡 2:15; 골 2:14 때문이요, 옛 언약에 속하는 것들이 낡아지고 쇠해졌기히 8:13 때문이며, 또 그리스도 안에서 종교적·사회적·문화적·성적 차별이 무효화되었기 때문이고갈 3:28; 골 3:11, 무엇이든지 스스로 속된 것이 없고 다만 속되게 여기는 그 사람에게만 속되기롬 14:14 때문이다. 구약 시대와 신약 시대 사이에 존재하는 이 놀라운 변화야말로 복음의 은택 가운데 하나가 아니고 무엇이겠는가?

앞에서 설명했듯이 생활 예배를 수행하는 데는 여러 난점들이 따른다. 하지만 그렇다고 하여 생활 예배를 포기할 수는 없다. 오히려 우리는 이러한 난점을 박차고 일어나 우리의 일상생활에서도 예수 그리스도를 참된 왕과 주인으로 높여야 한다. 그럴 때만이 우리는 일관성 있게—의식으로서의 예배에서든 생활 예배에서든—주님을 예배하는 하나님의 백성이 될 것이요, 우리가 실존해 있는 모든 영역은—예배당이나 삶의 터전이나—거룩한 예배 처소로 찬란히 변화할 것이다.

11

코로나 시대의 예배

어느 때에 하나님을 뵈올까?

시편 42:2-4

[2]내 영혼이 하나님 곧 살아 계시는 하나님을 갈망하나니 내가 어느 때에 나아가서 하나님의 얼굴을 뵈올까? [3]사람들이 종일 내게 하는 말이 "네 하나님이 어디 있느뇨?" 하오니 내 눈물이 주야로 내 음식이 되었도다. [4]내가 전에 성일을 지키는 무리와 동행하여 기쁨과 감사의 소리를 내며 그들을 하나님의 집으로 인도하였더니 이제 이 일을 기억하고 내 마음이 상하는도다.

코로나 사태는 한국 교회 사역 전반에 걸쳐 당황과 좌절의 분위기를 초래했다. 대면 방식을 교회 활동의 표준과 정상으로 여겨 온 사역자들과 교우들은, 난생 처음 겪는 비대면의 현실을 차분하고 의미 있게 소화하기가 보통 힘든 것이 아니었다. 무엇보다도 예배당이라는 '거룩한' 장소로부터 신체적으로 배제된 채 뿔뿔이 흩어져 드리는 영상 예배가 그랬고, 줌Zoom 프로그램을 통해 어색하게 만나는 구역(목장) 모임이 그랬다. 불만과 아쉬움의 표정, 한숨과 탄식의 반응이 염려스러운 것은, 꽤 많은 이들의 추측처럼 코로나 사태가 교우들의 신앙생활을 급격히 유명무실화하고 한국 교회(특히 개신교)의 위축 현상을 더욱 가속화할 것이라는 불길한 조짐이 엿보이기 때문이다. 확실히 코로나 사태는 엄청난 걸림돌로 자리를 굳히고 있다.

우리의 낭패감과 고뇌는 구약 시절 시편 기자의 경험**시 42:2-4**과 일맥 상통한다. 시편 42편의 저자는 원래 예루살렘 성전에서 예배 활동을 주관하고 인도하던 고라 자손의 일원이었다**표제 및 4절**. 그러다가 아마도 아람 사람들에게 포로로 잡혀 와 요단강 상류의 어떤 지역**6절 참조**에 머물러 있었던 듯하다. 성경에는 유다 왕 요아스 당시에도 아람 왕 하사엘이 예루살렘을 침공한 사례가 있는 것으로 말하고 있다**왕하 12:17-18**.

솔로몬이 성전을 짓고 난 이후에는 하나님에 대한 모든 예배가 성전 중심으로 진행되었다. 각종 제사의 집전과 제사장(및 레위인)의 임무도 성전이라는 구조물과 공간 없이는 시행이 불가능했다. 절기와 성일에 필수적으로 수반되는 레위인들의 음악 봉사 또한 성전을 떠나서는 생각조차 할 수가 없었다. 지금 시편 기자는 성전으로 나아가 마음껏 하나님을 뵈옵고 예배할 수 있는 처지가 아닌 까닭에, 과거 성일에 수행했던 예배 활동을 떠올리며 크나큰 상심에 빠져 있다. 어떻게 보자면 코로나 사태로 방해를 받아 마음껏 대면 예배에 참여할 수 없는 그리스도인들의 좌절이나 안타까움도 이와 비슷하다고 하겠다.

그런데 과연 이것이 온당한 반응인가? 비록 온라인상의 예배 참여가 고립 상태에서 기기 의존적으로 이루어지기 때문에 마음이 불편하고 불만족스러운 것은 사실이다. 그러나 그렇다고 해서 코로나 환경에서의 온라인 예배가 흡사 시편 기자의 경우처럼 '하나님을 뵈옵지 못하는' 불행한 결과를 초래한다고 할 수 있겠는가? 만일 그렇게까지는 부정적이 아니라 하더라도, 온라인 예배는 전통적 현장 예배에 비해 무엇이 문제인가? 이번 장에서는 이 질문에 대한 답변을 마련하고자 한다.

이를 위해 우선은 좀 더 넓은 맥락에서 코로나 시대의 각종 온라인 대체 사역에 대한 전망이 어떠한지부터 알아보도록 하자.

코로나 시대의 사역에 대한 전망

코로나 사태가 발생한 후 기독교 지도자들의 반응과 대응 방안은 반응자의 수효만큼이나 갈래가 많고 다채로웠다. 그런데 그러한 다양성과 다채로움에도 불구하고 시대와 사역을 바라보는 관점은 몇 가지 유형으로 정리가 가능하다. 내가 목도한 것은 세 가지이다.

첫째, 과거 지향적 유형이 눈에 띈다. 이 유형의 반응자들은 은연중에 코로나 이전 시대의 사역 패턴을 표준으로 상정하는 이들이다. 따라서 코로나 사태가 발생한 후 겪는 현장/대면 예배의 중단, 사역 프로그램의 변경이나 연기, 각종 모임의 취소 등으로 인해 상당한 위기의식과 상실감에 사로잡힌다. 그리고 어떻게 해서든지 예전에 실행했던 사역과 모임의 재연을 꿈꾼다. 설사 완벽하지는 않더라도, 가능한 한 과거의 사역 형세에 근접할 수 있는 방안을 강구하고 대책을 마련하고자 애쓰는 것이다.

과거 지향적 유형은 주로 예배와 성례를 중시하는 이들에게서 많이 발견된다.[1] 이들의 고충과 고뇌는 이해하지만, 그렇다고 하여 성경적 본질로의 회복이 전통으로의 복구인 것처럼 암시하는 것도 바람직한 처사는 아니라고 하겠다.

둘째, 본질 추구적 유형이 있다. 여기에 속하는 이들은 코로나 발생 전에 수행했던 전통적 사역 내용이 전적으로 타당하다고는 여기지 않는다. 예배이든 주일학교이든 소그룹 모임이든, 성경의 본질적 가르침을 그대로 반영하는 것이 있는가 하면 교파의 전통이나 한국 교회의 토착화된 습속에 해당하는 요소도 포함되어 있다고 본다. 그리하여 이들은 코로나 사태를 겪으면서 새로운 상황에 적응을 할 때, 무엇이 본질(코로나 이후에도 변함없이 견지해야 할 바)이고 무엇이 형식(새로운 환경에서 여차하면 버리거나 포기할 수 있는 바)인지 꼼꼼히 따져 보아야 한다고 생각한다.

이런 유형에 속하는 이들은 교회와 예배에서의 본질적인 요소가 과연 사이버 공간에서도 지켜질 수 있는지 조심스럽게(그러나 용기 있게) 타진하고 있다.[2] 이런 방면에서의 성과를 기대한다면, 가능한 한 선입견의 배제나 완화 및 진지하고 솔직한 성찰이 필수적으로 요구된다고 하겠다.

셋째, 기술 통합적 유형이라 불릴 수 있는 인물들이 있다. 이들은 이 유형의 명칭이 반영하듯 디지털 기술과 온라인 통신을 쌍수 들어 환영하는 반응자들이다. 이 유형에 속하는 지도자들은 자신들의 전망 형성에서 실상 코로나 사태의 발생에 큰 비중을 두지 않는다. 세상은 이미 코로나 사태가 벌어지기 얼마 전부터 정보통신 기술의 융합에 힘입은 4차 산업혁명의 시대로 진입했고, 코로나 사태는 단지 이러한 초연결적hyper-connected이고 초지능적hyper-intelligent인 사회로의 발전을 얼마간 앞당긴 것에 불과하다고 본다. 이러한 세태 변화를 감안하건대, 교회와 그리스도인들은 온라인 사역의 적극적 수용에 앞장서야 한다는 것이다. 어떤 이는 이 맥락에서 새로운 인간 이해, 확장된 구원론, 성속 이원론의 극복을 외치는가 하면,[3] 어떤 예배학 전문가는 "디지털 인문학"이나 "디지털 종교"를 운운하기도 한다.[4]

기술 통합적 유형에 속한 이들은 한편으로 선구자적이기도 하고 또 한편으로 미디어 낙관론자이기도 하다. 우선은 이들의 적극적이고 진취적인 전망과 태도로부터 배울 점이 있음을 인정해야 한다.[5] 동시에 예배나 그리스도인 교제의 본질을 디지털 기술이 어디까지 매개할 수 있는지에 대해서는 함께 머리를 맞대고 진지하게 숙의하는 일이 필요할 것이다.

지금까지 세 가지 유형을 거론했지만, 그렇다고 하여 반응자들이 어느 한 유형에만 속한다는 뜻은 아니다. 다시 말해서, 이 유형들은 한 개인에게서 복수적으로 발견될 수도 있다. 따라서 어떤 인물은 첫째 유형과 둘째 유형에 함께 해당될 수도 있다. 또 다른 반응자는 주로 둘째 유형을 강조하되 구체적 실행 방안에서는 셋째 유형에 속할 수도 있다. 나는 둘째 유형과 셋째 유형의 전망에 입각하여 코로나 시대의 예배 문제를 논하고자 한다.

현장 예배와 온라인 예배

그러면 온라인 예배는 현장 예배와 비교해 어떤 점에서 결핍적인가? 또 그 결핍과 부족은 예배의 본질까지 건드리는 것인가?

▿ 현장 예배와 온라인 예배의 비교

이런 질문들에 대해 답하려면, 다른 무엇보다도 현장 예배와 온라인 예배의 구성 항목들을 열거하고 양편을 서로 비교하는 일이 선행되어야 한다. 다음의 대조표(257쪽 표)는 각 예배의 구성 항목들에 대한 것이다.

▿ 비본질적 사항들

대조표를 볼 때, 1-3의 항목은 예배의 본질에 해당하지 않는 항목들이다. 성경에는 예배자의 수효[1]가 어때야 한다는 데 대한 언급이나 힌트가 없다. 이것은 예배 장소[2]에서도 마찬가지이다. 오히려 예수께서는 "이 산에서도 말고 예루살렘에서도 말고 너희가 아버지께 예배할 때가 이르리라" 요 4:21라고 하심으로써, 예배 장소의 비본질성을 내비치셨다. 예배 도우미들—음악팀, 설교자, 예배 순서 담당자—과 같은 장소에 있어야 하느냐 아니냐의 문제[3]도 핵심 사안이 될 수는 없다.

구성 항목 \ 예배의 종류	전통적 현장 예배	온라인 예배
1. 예배자 수효	여러 명 예를 들어, 10-500명	대부분의 경우 혼자이거나 부부
2. 예배 장소	예배당 (정해진 건물이나 장소)	집이나 사무실의 어떤 방/공간
3. 예배 도우미들과의 공간 점유	동일한 장소/공간에 머묾	다른 장소/공간에 떨어져 있음
4. 예배 참여	몸의 참여, 전인적 참여	몸의 참여, 전인적 참여
5. 예배 분위기의 조성	예배 집중에 적합한 분위기	예배 집중이 쉽지 않은 분위기
6. 예배 순서의 경험	직접적(비매개적)으로 지각함	영상 매체를 통해 간접적으로 지각함

∇ 예배의 본질과 연관된 사항들

예배의 본질과 연관되는 중요한 항목은 예배자의 몸과 마음, 곧 전인적 참여[4]에 대한 것이다. 우리의 예배가 진정한 것이 되려면 예배자의 몸도 예배자의 마음도—그리하여 그의 전인全人이—예배에 연루되어야 한다. 만일 예배자의 몸은 참여하되 마음이 배제된다면, 그것은 참된 예배가 아니다. 또 예배자의 마음은 참여하지만 몸이 배제된다면, 그 또한 참된 예배라고 할 수 없다.

현장 예배의 경우에는 몸과 마음 양자가 함께 예배에 참여하는 것으로 인식되고 있다. 그런데 온라인 예배에 대해서는, 꽤 많은 이들이 마음은 참여하되 몸은 배제되는 것으로 생각하는 경향이 있다. 만일 이것이 사실이라면 온라인 예배는 예배의 본질적 면모가 결여된 것이므로, 큰 문제가 발생하는 셈이다. 그러나 이것은 생각을 명확히 하지 못하는 데서 연유한 오해이다. 테레사 베르거Teresa Berger는 온라인 예배가 인간의 몸을 비껴가는 것이 아님을 다음과 같이 밝힌다.

사이버 공간에서의 예배 생활이라는 개념은 상당한 의혹을 불러일으킬 수 있다. 이런 의혹은 온라인 예배란 육체에서 벗어난 가상의 '실재하지 않는un-real' 실행이라는 추정에 뿌리를 두고 있다. 이런 의혹들 뒤로 숨겨진 진실은 **인간의 몸이야말로 기독교 예배의 기본적인 물질성이며 가장 주된 매체라는 사실이다.**[6] [강조는 인용자의 것]

비슷한 주장이 다음과 같은 설명에도 나타나 있다.

온라인 교회에 대한 거부감은 디지털 가상공간이 육체와 물리적 접촉이 없는 실재하지 않는 것이라는 의혹에서 비롯된다. **하지만 인간의 몸이야말로 예배를 포함한 모든 활동의 물질적 매체라 할 수 있다. … 실제로 몸 없이는 어떤 디지털 세계에도 접촉할 수 없다.** 따라서 온라인 활동이 육체성과 완전히 분리된 비물질

적 실행이라 간주될 수 없다.[7] [강조는 인용자의 것]

이처럼 온라인 예배 역시 전인이 연관되는 것이므로, 얼마든지 참된 예배로 볼 수 있는 것이다.[8]

그다음으로 고려할 항목은 예배 분위기의 조성[5]에 대한 것이다. 예배의 분위기가 제대로 조성되느냐 조성되지 않느냐는 한편으로 예배의 비본질적 요소이지만, 이것이 여의치 않으면 예배 정신의 구현이 방해받을 수도 있다는 점에서 본질적 요소에 근접해 있다.

코로나 사태가 한국 교회에 미친 영향을 조사한 어떤 설문에서 예배 시의 집중도에 관한 질문을 던졌더니, 온라인/방송/가정 예배의 참석자 중 70.1퍼센트가 "교회에서만큼 집중하기가 어려웠다"고 반응했다.[9] 그런데 온라인 예배가 무엇 때문에 참여자들의 집중을 방해했는지는 이 설문 조사에 나타나 있지 않다.

다행스럽게도 그 이후에 시행된 설문 조사들은 온라인 예배자들이 예배에 집중하지 못하게 만드는 문제점(혹은 어려움)이 무엇인지 파악하는 데 신빙성 있는 단서를 제공했다. 문제점은 대충 두 방면으로 묘사할 수 있을 것이다. 첫째는 온라인 예배 자체나 예배 환경과 연관된 어려움이다. 온라인 예배에 대한 어떤 설문 조사의 결과를 보면 "온라인 예배가 오프라인 예배에 비해 부족한 점(문제점)은 무엇이라 생각하십니까?"라는 질문에 대해 "현장감이 부족하다"(2순위: 29%), "기술적인 진입 장벽이 있고, 화면을 보고 집중하기 어렵다"(3순위: 19%)라고 답한 것이 발견된다.[10]

둘째는 온라인 예배 참여자의 태도가 유발하는 문제점이다. 실천신학대학원대학교 21세기교회연구소와 한국교회탐구센터는 2020년 12월 30일부터 2021년 1월 5일까지 7일 동안 "기독 청년의 신앙과 교회 인식"을 주제로 설문 조사를 실시했다. 그 가운데 온라인 예배를 드린 자세에 대한 문항이 있었는데, 답변자 중 "집중하면서 온라인 예배를 드린다"라고 반응한 이들이 48.1퍼센트뿐이었고, "온라인 예배를 드리면서 핸드폰을 보거나 가족과 이야기한다"라고 응답한 이들이 30.7퍼센트였으며, "다른 일을 하면서 온라인 예배를 드린다"라고 한 이들도 무려 21.2퍼센트에 달하는 것으로 집계되었다.[11]

상기한 것처럼 온라인 예배에는 예배 집중에의 방해 요인들이 포진한 것으로 밝혀졌는데, 우리는 이에 대해 어떤 조치를 취하여야 할까? 우선, 순서대로 첫째 항목의 문제점부터 다루어 보자. 온라인 예배가 오프라인 예배에 비해 현장감이 부족하다는 응답의 경우, 그 말은 이해가 가지만 문제 해결에는 아무런 도움이 되지 않는다. 실은 바로 그 부족함이 문제가 되어 어떻게든 제대로 예배할 것이냐를 논의하는 중인데, 느닷없이 문제점을 끄집어내어 원점으로 회귀하고 있으니까 말이다. 이 경우 해결책은 현장감의 부족에 집착하지 말고 비록 온라인 예배의 분위기가 예배 친화적이 아니라 할지라도 예배 참여자는 하나님을 올려다보며 영과 진리로 예배하기를 힘쓰는 수밖에 없다. 또 기술적 장벽으로 인한 집중력 약화의 문제는 개인이 노력을 하든지 교회 지도자들에게 알리든지 해서 기기나 장비의 미비점을 보완하는 등 개선 방안을 마련해야 한다.

둘째 항목이 말하는 어려움은 순전히 온라인 예배자의 태도와 습성에 관한 문제이므로 당사자의 결단과 실천적 의지로써만 극복이 가능하다. 그러므로 예배 참여자가 예배 전에 주위 환경을 정돈하고 예배의 흐름이 끊기지 않도록 미리 준비를 해놓으면, 예배 환경은 훨씬 더 나아질 것이다. 또 온라인 예배와 더불어 다른 일이나 활동을 병행하고자 하는 유혹과 습관을 떨쳐 버리고 예배 시간 내내 오직 하나님께만 집중하려는 심기일전의 태도 변화가 요구된다. 이런 준비와 각오로써 예배에 임한다면, 온라인 예배에서 발생하는 예배 집중과 예배 분위기의 문제는 더 이상 골칫거리로 부각되지 않을 것이다.

예배 순서와 예배 정신

통상적인 공예배(대면 예배)에서는 예배자가 현장에 참석하여 예배의 모든 순서를 직접적으로 지각한다. 그러므로 예배자는 그런 모든 순서 가운데 하나님을 영과 진리로 예배하는 데만 집중하면 된다. 그러나 온라인 예배의 경우에는 예배자가 영상 매체를 통해 간접적으로 예배 순서에 참여한다. 이제 우리가 다루어야 할 최대 이슈는, 과연 온라인 예배를 통해서도 공예배에서의 여러 순서들이 예배 정신 가운데 집전될 수 있는가[6] 하는 것이다. 만일 이것이 제대로 성사될 수 없다면, 온라인 예배는 치명타를 맞는 셈이요 더 이상 코로나 시대의 예배적 대안으로 거론될 수 없을 것이다.

▽ 예배 순서들과 온라인 예배

지금까지 이 책에서 다룬 예배 순서는 모두 일곱 가지였다. 구체적으로 열거하자면 **말씀, 기도, 찬송, 신앙 고백, 헌금, 성례**(세례 및 성찬), **축도**가 그것이다. 그러면 이런 예배 순서들은 온라인 예배에서도 하나님을 영과 진리로 예배하는 데 없어서는 안 될 예전적 수단으로 작용하는가? 이 질문에 대해 분명한 답변을 제시하려면, 온라인 예배자가 공예배의 각종 순서에 영상으로 참여할 때 하나님을 영과 진리로 예배할 수 있는지 점검하는 일부터 시작해야 한다.

나의 판단으로는, 말씀, 기도, 찬송, 신앙 고백, 축도 등 예배 의식의 의의가 언어와 소리만을 매개로 하여 전달되는 경우에는, 하등의 문제도 발생하지 않는 것으로 보인다. 그러나 헌금과 성례처럼 언어, 소리뿐 아니라 실물의 거래 또한 필수적으로 포함되어야 하는 예배 순서의 경우에는, 온라인 예배가 그 순서의 예전적 의의를 담아 내지 못한다. 온라인 예배를 통해 헌금을 바칠 수 없고, 물·떡·포도주의 실체적·감각적 경험이 없는 성례를 성례라 부를 수 없기 때문이다.

물론 이런 처지에서도 헌금 순서의 경우 전혀 대안이 없는 것은 아니다. 원래 드리는 공예배에서 헌금 순서가 진행될 때 온라인 예배의 참여자는 작정한 헌금을 바치면서 하나님을 영과 진리로 예배할 수 있다. 단지 실물인 헌금은 예배 후에 교회 계좌로 송금을 하든지 아니면 헌금을 모아 두었다가 교회당을 찾는 주일의 헌금 순서 시에 지금까지 적립한 금액을 한꺼번에 바치면 된다.

성례의 경우에도 세례는 생각만큼 문제가 복잡하지 않다. 왜냐하면 수세자受洗者는 현장 예배에 출석해야만 하기 때문이다.[12] 집전자와 수세자는 한 공간에서 '세례'라는 성례 의식을 거행하는 것이므로, 다른 온라인 예배자의 참여를 필수적으로 요구하지 않는다. 그러나 성찬의 경우에는 전혀 상황이 다르다. 성찬의 집전자는 예배당에서 떡과 포도주를 가지고 있고, 그것을 받을 수찬자受餐者들은 공간적으로 분리된 채 각자의 처소에 위치해 있기 때문이다. 비록 성찬의 요소들(떡과 포도주)이 시각적 대상이기는 하나 온라인 예배의 참여자들이 바로 그 떡과 포도주를 맛보는 것은 아니기 때문에 결국 주님의 살과 피가 경험되는 것은 아니다. 이런 의미에서 온라인 성찬은 진정한 성찬이라고 할 수 없는 것이다!!

▿ 온라인 성찬의 문제점과 대응책

온라인 성찬의 근본적인 문제는 성찬 예식에서 사용되는 떡과 포도주가 수찬자들에게 실체적으로 전달될 수 없다는 것이다. 이 때문에 수찬자들은 배분되는 떡이나 포도주를 미각적으로 경험할 수 없고, 성찬이 지향하는 영적 은혜를 누리지 못하게 된다. 또 떡과 포도주를 미리 배분받아 온라인 성찬에 참여한다고 해도, 집전자의 축성 기도가 그 순간 공간적으로 산산이 흩어져 있는 예배자들의 떡과 포도주에도 영적 효능을 발휘할 수 있을지는 상당히 의문스럽다. 그러나 코로나 사태가 심각해지면서—어떤 경우에는 코로나 역병이 번지기 몇 해 전부터—전 세계의 기독교 지도자들은 온라인 성찬의 이슈에 대해 대응 방안이나 가이드라인을 제시하지 않을 수 없었다. 이 이슈에 대한 방침 설정은 지도자 개인이 갖는 신학적·예전적·목회적 신념과 긴밀히 맞닿아 있다. 이러한 신념들은 최소 네 가지이다.

- 성찬 시행에 수반되는 장소성locality과 물질성physicality을 얼마나 강력히 내세우느냐 하는 것.
- 성찬의 의의는 무엇(화체설, 공재설, 영적 임재설, 기념설 등)이고, 교회의 정체성과 관련하여 성찬의 비중을 얼마나 크게 두

느냐 하는 것.

- 일반 교우들의 처지와 형편(코로나 사태, 거동이 불편한 신자들, 성찬에 대한 신자들의 염원, 영상 기기의 편만한 사용 등등)을 얼마나 세심히 고려하느냐 하는 것.
- 디지털 기술과 영상 소통의 문제를 어떻게(적극적, 수용적, 비판적) 평가하느냐 하는 것.

온라인 성찬에 대한 반응은 이런 신념들의 조합이라고 할 수 있다.

따라서 이러한 반응들 역시 갈래가 많고 복잡하지만 구체적 시행 규칙의 관점에서 보자면, 세 가지 유형으로 대별된다고 하겠다.

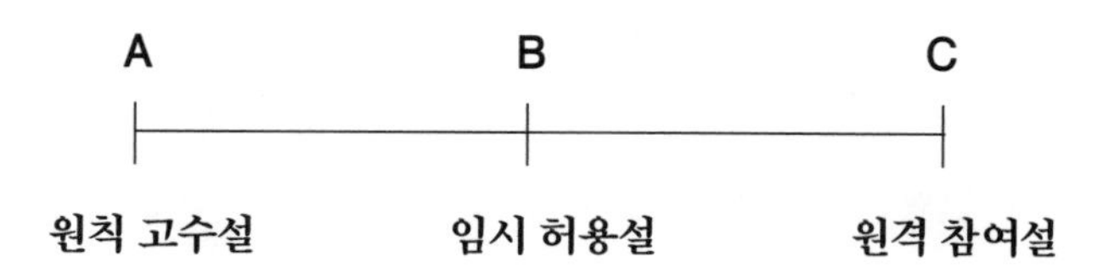

(A) **원칙 고수설**: 이 입장은 전통적 성찬과 온라인 성찬 사이에 이론적·실제적 간극이 너무 크기 때문에 온라인 성찬을 금지/중단해야 한다는 것이다. 감리교회는 성찬 강조에 대한 웨슬리John Wesley, 1703-1791의 모범[13]을 좇아 월 1회(혹은 매주)

성찬을 시행해 왔으므로, 온라인 성찬 문제에 대해 민감한 반응을 보였다. 실제로 연합감리교회는 코로나 사태 이전인 2013년에 비공식적 지도자 그룹이 열 시간 이상 토의한 끝에 그때까지 시행해 오던 일부 교회의 온라인 성찬을 중지하도록 강력히 권고했다.[14]

로마 가톨릭교회 역시 예배의 주축이 미사이고 미사는 성찬을 핵심으로 하기 때문에 오래전부터 이 사안을 다루어 왔다. 온라인 성찬에 대한 로마 가톨릭교회의 공식적 입장은 "가상현실은 … 성만찬에 구현되는 바 그리스도의 사실적 임재를 결코 대체할 수 없다"[15]라는 부정적인 것으로서, 2002년 이후 아직껏 변하지 않았다.[16] 어떤 성공회 신학자 역시 오늘날 코로나의 상황이 온라인 성찬까지 정당화하는 것은 아니라고 비판적으로 말한다.[17] 한국 교회 내 보수적 입장의 장로교 지도자들도 온라인 성찬의 비합당성을 강변한다.[18]

(B) **임시 허용설**: 임시 허용설은 주로 일반 신도들의 영적 필요와 염원을 심각히 고려하기 때문에 취하는 입장이다. 이 입장에 선 이들이 온라인 성찬의 문제점을 놓치든지 모른 척하는 것은 아니다. 단지 코로나 사태와 같은 특수 상황 속에서 어떻게 신도들의 영적 성장을 도모할 수 있을지 고민 끝에 임시 방안을 강구한 것뿐이다.

전형적인 예로서 미국 장로교Presbyterian Church(U.S.A.)는 2020년 3월 25일에 총회 사무실을 통해 임시적으로나마 온라인 성찬을 허용하는 내용을 발표했다.[19] "주변 환경 때문에 회중이 상당히 긴 기간 대면하여 모일 수 없을 때, 당회는 목회상의 이유가 있으면 예배자들이 온라인으로 참여하는 예배에서 성찬을 시행해도 좋다는 결정을 내릴 수 있다."

영국 성공회 내의 런던 주교단 역시 2020년 3월 31일에 코로나 상황에서의 성찬과 관련한 지침을 전달했다.[20] 교회들은 몇 가지 옵션 가운데 택일이 가능했다. 우선 어떤 교구의 교회들처럼 코로나 기간 중 성찬을 유보할 수도 있었다. 또 신부가 교회당에서 최소 세 명의 신도들에 대해 집전하는 성찬의 광경을 다른 신도들이 실시간 시청하는 방안도 제시되었다. 그렇지 않으면 신부의 자택에서 성찬을 거행하고, 교구의 신도들이 기도하고 성경을 읽으며 온라인으로 의식에 참여함으로써 확장된 형태의 성찬 행위를 시도할 수도 있게끔 했다.

한국 교회에서는 대한예수교장로회(통합) 소속 주만교회(이범주 목사 시무)가 2020년 4월 10일(금)에 온라인 성찬식을 거행했다.[21] 이를 위해 수요일 새벽 기도회에서 직접 분병·분잔을 했고, 3일간 교역자들이 교인들의 각 가정을 방문해 떡과 포도주가 담긴 성찬기를 배분했다. 이리하여 교인들은 금요일 저녁에 각자의 집에서 목사의 안내에 따라 온라인으로 성찬에 참여했다.

상기한 영상 의존적 방안들이 전통적 성찬과 같은 은혜의 방편 노릇을 할 수 있을까? 적지 않은 이들은 이 질문에 긍정적으로 반응하면서, "영적 성찬spiritual communion"이라는 개념에 호소한다.[22] 로마 가톨릭의 화체설이나 루터파의 공재설에서는 성찬의 효능이 발현하는 데에 근본적으로 수찬자의 믿음을 중요시하지만, 떡을 씹어 삼키고 포도주를 넘기는 신체적 동작 또한 필수적이라고 여긴다. 그런데 어떤 그리스도인들은 질병으로 말미암아 연하嚥下 장애(음식물을 삼키지 못하는 일)를 겪는 까닭에 떡과 포도주를 맛볼 수가 없다. 영적 성찬이란 성찬 의식에 참여하면서도 이러한 건강 문제 때문에 떡과 포도주를 먹고 마실 수 없는 그리스도인들이 그럼에도 불구하고 성찬의 영적 효능을 부족함 없이 누리는 현상이다. 이때 중요한 것은, 성찬 가운데 함께하시는 예수 그리스도와의 연합을 간절하고도 끈질기게 열망하는 마음이다.

그런데 이러한 영적 교통이 건강상의 이유 때문에 떡과 포도주를 맛보지 못하는 이들에게 허락된다면, 왜 코로나 상황으로 인해 어쩔 수 없이 그러한 결핍을 겪는 오늘날의 성도들에게는 동일한 은혜가 시여될 수 없단 말인가?!

(C) **원격 참여설**: "원격 참여telepresence"라는 말은 디지털 기기와 영상 이미지를 매개로 하여 다른 대상의 활동이나 환경에 함께하는 일을 의미한다. 어떤 전문가의 설명에 의하면, "원격 참여란 의사소통의 매체를 수단으로 한 환경 속에서 경험하는 참여"[23]로 정의된다. 여기에서 말하는 환경은 "시간적으로나 공간적으로 멀리 떨어져 있는 '진짜' 환경(예를 들어, 비디오

카메라를 통해 본 원거리의 우주)일 수도 있고, 혹은 컴퓨터에 의해 합성된—살아 움직이지만 비실재적인—가상 세계(예를 들어, 비디오 게임에서 만들어진 살아 움직이는 '세계')일 수도 있다."[24] 우리가 현재 논하고 있는 성찬과 관련해서 말한다면, 성직자의 지도하에 신도들 각자가 자기 집에서 떡과 포도주를 가지고 성찬 의식을 거행하는 것이 원격 참여의 구체적인 예이다.

전통적 신학과 인식 체계에서는 참여presence를 물리적 환경에 국한시켜 왔다. 자연히 이들의 경험 세계는 원격 참여를 고려하거나 인정할 수가 없었다. 그러나 원격 참여의 지지자들은 이러한 주장과 신념이 구시대적 산물이고 케케묵은 인식적 패러다임의 희생물이라고 비판을 가한다. 그러면서 원격 참여의 현실성과 타당성을 다음과 같이 설명한다.

> 그러나 ICT(Internet and Information Communication Technologies, 인터넷 정보 통신 기술) 및 사이버스페이스의 가상 세계에서는 참여와 지각이 통신 기술에 의해 매개되고, 이로써 원격 참여가 이루어진다. 비록 물리적으로 참여하는 것은 아니지만, 원격 참여에서 사람들의 정신적 틀은 컴퓨터가 매개한 환경의 원격감awareness of the remoteness을 효과적으로 중단한다. **가상현실에서의 원격 작업자들은 물리적 환경에 대한 그들의 의식을 상실하고 자기들이 컴퓨터가 매개한 환경 속에 존재하고 있다고 확신한다.** 이 경우 원격 참여는 참으로 인간적인 경험이고, 비록 기술에 의해 매개됨에도

> 불구하고 실존적인 현상인 것이다. [강조는 인용자의 것][25]

원격 참여가 이처럼 그럴듯해 보이는 것은 더욱 근본적으로, 오늘날과 같은 디지털 시대에는 인간과 비인간(기계)이 함께 동등한 행위자로 엮이어 일하지 않을 수 없는 상황 때문이다.

> 인간과 비인간의 협동은 원격 참여와 가상 세계에서의 기술 매개적 상호작용에 있어서 명확히 현시된다. 원격 참여는 사람과 사물들의 네트워크를 형성한다. […]
>
> 물리적이거나 대면 상태의 상호작용과 달리, 원격 참여에서의 인간 행위는 가상의 상호작용을 주관하는 비인간 혹은 기술적 네트워크에 의존해 있다. 디지털 문화에서 인간과 기술의 네트워크 사이에 사이버 스페이스상의 이분적 간극이 나타나지 않는다면, 마찬가지로 가상 미사에서도 인적 요소와 기술적 요소는 분절 없이 융합될 것이다.[26]

이러한 이해에 기초하여 원격 참여의 이론가들[27]은 원격 참여를 통한 성찬 행위가—오늘날과 같은 비상사태에서는 더욱더—현장적 참여에 대한 타당한 대안이 될 수 있다고 주장한다.

그렇다면 우리는 온라인 성찬과 관련하여 상기한 세 가지 입장을 어떻게 평가해야 할까? 이미 전기했다시피 이것은 각자의 신학적·예전적·목회적 신념에 따라 반응이 서로 다를 것이다. 나로서는 (A) 원칙 고수설도 일리가 있다고 느끼지만, 현재로서는 (B) 임시 허용설에 좀 더 끌린다. 특히 "영적 성찬"의 개념에 대해 확신이 서면 더욱 그럴 것이다. (C) 원격 참여설도 매력적이기는 하지만, 우선은 그 이론 자체를 검토하는 일과 신학적 타당성을 가늠하는 일이 선행되어야 할 것으로 보인다.

나는 지금까지 예배의 본질이라는 각도에서 볼 때 온라인 예배가 현장 예배에 비해 손색이 거의 없음을 설명했다. 물론 온라인 예배가 현장 예배보다 예배 집중도 면에서 다소 취약한 것은 사실이지만, 그렇다고 해서 온라인 예배에 무슨 본질적인 문제가 있는 것은 아님을 밝혔다.

물론 이 말이 현장 예배를 온라인 예배로 대치하자든지 그래도 괜찮다고 주장하는 것은 아니다. 그러나 이왕 온라인 예배를 시행해야 하는 상황이라면, 온라인 예배에 긍정적 가치를 부여하는 것이 필요하다는 생각이다. 아울러 온라인 예배는 현장 예배 참여가 여의치 않거나 이를 꺼리는 이들—(1) 코로나 사태와 같은 위기 상황에 처한 신앙 공동체, (2) 신체적 조건상(질병, 노쇠, 장애 등) 예배 현장을 찾기가 어려운 이들, (3) 먼 지역에 고립되어 있는 사역자들과 그리스도인들, (4) 가난한 성도들, (5) 제도권 교회는 꺼리되 기독교에 관심 있는 이들—을 위한 효과적 대안으로 채택될 수 있을 것이다.

주
註

1. 영과 진리의 예배 : 섬김과 부복

1) “Gerizim, Mount,” *Dictionary of Judaism in the Biblical Period: 450 B.C.E. to 600 C.E.*, eds. Jacob Neusner and William Scott Green (Peabody, Massachusetts: Hendrickson Publishers, Inc., 1999), p. 249.

2) 요한 히르카누스(John Hyrcanus, 주전 164-104)는 주전 135년에 아버지 시몬 마카비(Simon Maccabee)의 뒤를 이어 하스모니안 가문의 제사장이자 민족 지도자가 된다. 그는 당시 시리아(팔레스타인이 포함됨)를 다스리던 셀레우코스 왕국이 내분에 휩싸이자 그 기회를 이용하여 유대 인근의 지역과 이두메아 및 사마리아 일부를 공략한다. 바로 이때[주전 128년] 히르카누스는 그리심산에 건립된 성전을 파괴한다(“John Hyrcanus,” *Dictionary of Judaism in the Biblical Period*, p. 337).

3) Gary M. Burge, "John," *Evangelical Commentary on the Bible*, ed. Walter A. Elwell (Grand Rapids, Michigan: Baker Book House, 1989), p. 853.

4) Matthew Poole, *A Commentary on the Holy Bible*, Vol. Ⅲ: *Matthew-Revelation* (London: The Banner of Truth Trust, 1963; reprint of 1685), p. 208.

5) Everett F. Harrison, "The Gospel According to John," *The Wycliffe Bible Commentary*, eds. Charles F. Pfeiffer and Everett F. Harrison (Chicago: Moody Press, 1962), p. 1081. (《위클리프 성경주석》 소망)

6) 이희승 편저, 《국어대사전》 제3판(서울: 민중서림, 1998), p. 2681.

7) *Webster's Ninth New Collegiate Dictionary* (Springfield, Massachusetts: Merriam-Webster Inc., *Publishers*, p. 1986), p. 1361.

8) Leslie Brown, ed., *The New Shorter Oxford English Dictionary*, Vol. 1: *A-M* (Oxford: Clarendon Press, 1993), p. 1608.

2. 말씀: 그리스도 중심으로

1) John B. Taylor, "Worship: The Old Testament Background," in *Baker's Dictionary of Practical Theology*, ed. Ralph G. Turnbull (Grand Rapids, Michigan: Baker Book House, 1967), p. 373. (《베이커의 실천신학사전》 대한기독교서회)

2) "synagogue," *Dictionary of Judaism in the Biblical Period: 450 B.C.E. to 600 C.E.*, eds. Jacob Neusner and William Scott Green (Peabody, Massachusetts: Hendrickson Publishers, 1999), p. 607.

어떤 이는 회당 운동의 기원을 에스겔의 바벨론 사역(겔 14:1)이나 포로 귀환 후 에스라의 율법 강론 활동(느 8:1-18)에서 찾기도 한다(John B. Taylor, "Worship: The Old Testament Background," p. 376).

3) John B. Taylor, 앞의 책.

4) Donald G. Miller, "Preaching: The Biblical Background of Preaching," in *Baker's Dictionary of Practical Theology*, p. 5.

5) Vernon L. Stanfield, "The History of Homiletics," in *Baker's Dictionary of Practical Theology*, p. 51.

6) Vernon L. Stanfield, 앞의 책.

7) Donald Macleod, "The Sermon in Worship," in *Baker's Dictionary of Practical Theology*, p. 67.

8) E. Jardine Grisbrooke, "Synaxis," *The New Westminster Dictionary of Liturgy and Worship*, ed. J. G. Davies (Philadelphia: The Westminster Press, 1986), p. 50.

9) 주승중, "성경 봉독," 《설교학 사전》, 정장복 외(서울: 예배와설교아카데미, 2004), p. 1042.

10) Mary Berry, "Responsorial Psalmody, Responsories," *The New Westminster Dictionary of Liturgy and Worship*, p. 464.

11) 재단법인 한국찬송가공회에서 2018년 8월 30일(2판 2쇄)에 발간한 찬송가를 참조했다.

12) 이 설교자는 필리핀 소재 아시아 신학원(Asian Theological Seminary)의 학장을 지낸 이사벨로 마갈릿(Isabelo F. Magalit, 1940-2018)이다.

주

3. 기도: 향기로운 제물

1) "기도는 확실히 그리스도교 예배의 생생한 호흡이며 소박한 가락이다"[R. 압바 지음, 허경삼 옮김, 《기독교 예배의 원리와 실제》(서울: 대한기독교서회, 1974), p. 107]. 압바의 이 진술은 영국의 시인이자 찬송 작곡가인 제임스 몽고메리(James Montgomery, 1771-1854)의 찬송가 가사에서 따온 것이다.
2) Horton Davies, *Christian Worship: Its History and Meaning* (Nashville, Tennessee: Abingdon Press, 1957), pp. 82-84.
3) R. 압바, 《기독교 예배의 원리와 실제》, pp. 142-143.
4) 존 베일리 지음, 박대영 옮김, 《매일 기도》(서울: 한국성서유니온선교회, 2011)가 이런 좋은 기도문의 모음집이라고 생각한다. 물론 이 책의 기도문은 개인 기도에 초점이 맞추어져 있지만, 어떤 부분들은 대표 기도의 내용으로서도 전혀 손색이 없다.

4. 찬송: 시와 찬송과 신령한 노래

1) Dale Topp, *Music in the Christian Community* (Grand Rapids, Michigan: William B. Eerdmans Publishing Company, 1976), pp. 23-24.
2) 한국찬송가공회, 《찬송가》(서울: 대한기독교서회, 2006), 494장의 2절. 번역된 가사의 정확한 의미를 소개하기 위해 원문을 첨부한다.
3) 앞의 《찬송가》, 218장의 1절.
4) John M. Frame, *Worship in Spirit and Truth* (Phillipsburg, New

Jersey: P&R Publishing, 1996), p. 112.

5) R. 압바 지음, 허경삼 옮김, 《기독교 예배의 원리와 실제》(서울: 기독교 서회, 1974), p. 149.

6) 실제로 시편 찬양 고수자들은 (i) 시편 150편 모두를 예배 시의 찬양으로 봐야 하고, (ii) 그 외의 시들은 예배 시의 찬양으로 채택될 수 없다는, 매우 엄정한 주장을 하고 있다[Michael Bushell, *Songs of Zion: A Contemporary Case for Exclusive Psalmody*, 3rd ed. (Pittsburgh, Pennsylvania: C&G Publications, 1999), pp. 12-15].

7) John M. Frame, *Worship in Spirit and Truth*, pp. 112, 124.

8) 마틴 로이드 존스 지음, 이태복 옮김, 《성경적 찬양》(서울: 지평서원, 2009), pp. 24-32. 신약학자 Ralph P. Martin 역시 찬양에 관한 이 세 가지 항목을 마틴 로이드 존스와 비슷하게—그러나 자세하게—설명하고 있다[*The Worship of God: Some Theological, Pastoral, and Practical Reflections* (Grand Rapids, Michigan: William B. Eerdmans Publishing Company, 1982), pp. 51-53].

9) Kenneth W. Osbeck, *The Ministry of Music* (Grand Rapids, Michigan: Kregel Publications, 1961), p. 22. (《교회 음악 목회》 이레서원)

10) Allen Webster, "Why Do Churches of Christ Not Use Instrumental Music?," p. 3 at http://housetohouse.com/why-do-churches-of-christ-not-use-instrumental-music/, accessed on May 1, 2012.

11) Thomas H. Olbricht, "Churches of Christ (Non-Instrumental)," *Dictionary of Christianity in America*, eds. Daniel G. Reid *et al* (Downers Grove, Illinois: InterVarsity Press, 1990), pp. 277-278.

12) Robert E. Webber, "Worship: Protestant," *Dictionary of Christianity*

in America, p. 1290.

13) John M. Frame, *Worship in Spirit and Truth*, p. 128.

14) 회중 찬송에 대한 구체적 지침은, Kenneth W. Osbeck, *The Ministry of Music*, pp. 60-69 및 Dale Topp, *Music in the Christian Community*, pp. 74-89에서 찾아볼 수 있다.

15) 한국찬송가공회, 《찬송가》(서울: 대한기독교서회, 2006).

16) 미국 기독교 리폼드 교회(Christian Reformed Church)에서는 1987년 발간된 찬송집에 한국의 〈아리랑〉 곡조를 채택한 찬송가를 포함시켰다. 가사는 골로새서의 성구들에 기초했고, 제목은 〈Christ, You Are the Fullness〉이다. 당시 아리랑의 찬송곡 편입에 힘을 쓴 데이비드 콜(David Koll) 목사는 한국 아동 둘을 자녀로 입양했고, 아이들을 한국 문화 행사에 데리고 다니면서 아리랑의 곡조에 매료되었다고 한다. 이것은 곡조나 가사의 기원이 어떻든지 간에 찬송의 소재가 될 수 있음을 강변하는 사례라고 하겠다[Chris Meehan, "Korean Media Feature Psalter Hymnal," *Christian Reformed Church News* (December 21, 2011), at https://www.crcna.org/news-and-events/news/korean-media-feature-psalter-hymnal, accessed on May 2, 2021].

17) Dale Topp, *Music in the Christian Community*, pp. 24-25.

18) 이것은 고린도전서 14장 15절에 나오는 표현—"마음으로"—을 채택한 것인데, 여기에서의 마음은 'heart'가 아니고 'mind'이기 때문에 '이해력 있게'라고 의역했다.

5. 신앙 고백: 입으로 시인하여 이르는 구원

1) 사도신경은 8세기에야 우리가 아는 형태의 본문이 확립되었지만, 그 모체인 구舊 로마 신경(Old Roman Creed)은 이미 2세기 말경부터 활용되었다. 이런 점에서 다른 두 신경, 니케아 신경이나 아타나시우스 신경보다 먼저 형성되었다고 말하는 것이다.

2) 니케아 신경은 325년 제1차 니케아 공의회에서 아리우스파를 비롯한 이단을 정죄하고 정통 기독교 신앙을 수호하기 위하여 채택한 신앙 고백이다.

3) 아타나시우스 신경은 신학자 아타나시우스(Athanasius of Alexandria, 296/298?-373)의 저작으로 알려졌으나, 실은 아타나시우스 사후(381-428년 사이) 프랑스 남부 골(Gaul) 지역에서 익명의 인물이 작성한 것으로 추정하고 있다["Athanasian Creed," *The Oxford Dictionary of the Christian Church*, eds. F. L. Cross and E. A. Livingstone, 3rd ed. (Oxford: Oxford University Press, 1997), p. 119]. 신경의 내용은 삼위일체와 성육신의 두 부분으로 구성되어 있다.

4) Klaas Runia, *I Believe in God*··· (London: The Tyndale Press, 1963), pp. 6-7.

5) 아우구스티누스의 설교라고 거짓으로 알려진 8세기경의 설교문 내용이다[J. N. D. Kelly, *Early Christian Creeds*, 3rd ed. (New York: Longman Inc., 1981), p. 3].

6) 사도신경이라는 명칭에 "사도들"이 등장하는 이유는 신경이 사도들의 저작이라는 말이 아니고 사도들의 "마음"이나 사도들의 "의도"를 전달한다는 느슨한 뜻이라고 본다[Robert A. Krieg, "Apostles' Creed," *The HarperCollins Encyclopedia of Catholicism*, ed. Richard P. McBrien (New York: HarperSanFrancisco, 1995), p. 75].

주

7) "Old Roman Creed," *Oxford Dictionary of the Christian Church*, p. 1181.

8) J. N. D. Kelly, *Early Christian Creeds*, pp. 102, 103, 114.

9) 밀란의 감독이었던 암브로시우스(St. Ambrose, 339?-397)의 서한에서 처음으로 '사도신경'이라는 명칭이 발견되었다("Apostles' Creed," *Oxford Dictionary of the Christian Church*, p. 89).

10) J. N. D. Kelly, *Early Christian Creeds*, p. 1.

11) 베네딕트 선교회 소속의 수도사이자 라이헤나우 수도원의 설립자인 피르미니우스(St. Pirminius, ?-753?)가 710-724년 사이에 저술한 기독교 교리 편람에는, 현재 우리가 보유한 형태의 사도신경이 수록되어 있다(J. N. D. Kelly, *Early Christian Creeds*, p. 398).

12) Klass Runia, *I Believe in God*…, pp. 13-15.

13) 예를 들어 "예수 그리스도께서 육체로 오신 것"(요일 4:2)이라는 진술은 가현설주의자들(Docetists)을 염두에 둔 것이고(J. N. D. Kelly, *Early Christian Creeds*, p. 16), 또 그리스도께서 부활 후 어떤 대상에게 나타나셨는지 목록을 제시하는 것(고전 15:5-8) 역시 부활 반대자들에 대한 조치로 볼 수 있다(Klass Runia, 앞의 책, p. 17).

14) 사도신경의 내용을 꼭 12개 조항으로만 나누어야 하는 것은 아니다. 어떤 이는 13개 조항으로 정리를 했고[Helmut Thielicke, *I Believe*, trans. H. George Anderson (Cumbria, UK: Paternoster Press, 1968), pp. xv-xvi], 또 어떤 이는 15개 조항으로 분류를 했는가 하면 [Alister McGrath, "I Believe," *Exploring the Apostles' Creed* (Downers Grove, Illinois: InterVarsity Press, 1997), pp. 35, 71, 88, 111-112], 심지어 20개 조항으로 나눈 이도 있다[William Barclay, *The Plain Man Looks at the Apostles' Creed* (Glasgow, Great Britain: Collins,

1977), p. 9].

15) J. N. D. Kelly, *Early Christian Creeds*, pp. 59-60.

16) 사실 동방 정교는 예전부터 사도신경을 공식적으로 인정하지 않았다. 그리하여 동방 정교의 표준적 신학 문서나 예배 순서에는 사도신경이 등장하지 않는다. 그런데 이러한 적대적 태도는 1920년대부터 급격히 줄어들었다. 그 당시 각종 에큐메니컬 대회들이 열리면서 동·서방 교회가 모두 사도신경을 기독교 메시지의 합당한 표현으로 받아들였기 때문이다(J. N. D. Kelly, *Early Christian Creeds*, p. 368). 물론 지금도 동방 정교에서는 사도신경을 공적 예배의 순서로 채택하고 있지는 않지만, 어쨌든 그것이 전 세계 교회가 고백하는 공통의 신앙 내용이라는 점만큼은 부인하지 않는다.

17) David G. Buttrick, "Liturgy, Reformed," *Encyclopedia of the Reformed Faith*, ed. Donald K. McKim (Louisville, Kentucky: Westminster/John Knox Press, 1992), p. 222.

18) D. F. Wright and I. Hamilton, "Confession of Faith," *Dictionary of Scottish Church History & Theology*, eds. Nigel M. de S. Cameron *et al* (Downers Grove, Illinois: InterVarsity Press, 1993), p. 203.

19) 이 조항의 출현 경위와 의미에 대해서는, J. N. D. Kelly, *Early Christian Creeds*, pp. 378-382에 자세히 나와 있다.

20) 이렇게 된 이유에 대해서는, 김용준, "사도신경과 개역의 필요성," 〈기독교사상〉(1963. 11.), 63-64를 참조하라.

1) 고려대학교 민족문화연구원 국어사전편찬실 편, 《고려대 한국어대사전: ㅈ~ㅎ》(서울: 고려대학교 민족문화연구원, 2009), p. 6978.

2) 민중서관 편집국, 《漢韓大字典》(서울: 민중서림, 1966), p. 519.

3) 《고려대 한국어대사전: ㅂ~ㅇ》, p. 4358.

4) 김홍전, 《예배란 무엇인가》(서울: 도서출판 성약, 1987), p. 100.

5) 《고려대 한국어대사전: ㅈ~ㅎ》, p. 6980.

6) 《고려대 한국어대사전: ㅂ~ㅇ》, p. 2778.

7) Leslie Brown, ed., *The New Shorter Oxford English Dictionary*, Vol. 2: *N-Z* (Oxford: Clarendon Press, 1993), p. 1983.

8) 앞의 책, p. 1983.

9) 앞의 책, p. 1965.

10) Leslie Brown, ed., *The New Shorter Oxford English Dictionary*, Vol. 1: *A-M* (Oxford: Clarendon Press, 1993), p. 1094.

11) 앞의 책, p. 439.

12) Archibald Robertson and Alfred Plummer, *A Critical and Exegetical Commentary on the First Epistle of St. Paul to the Corinthians*, 2nd ed. (Edinburgh: T.&T. Clark, 1978), pp. 384-385; Simon J. Kistemaker, *New Testament Commentary: Exposition of the First Epistle to the Corinthians* (Grand Rapids, Michigan: BakerAcademic, 1993), p. 595.

13) Charles Hodge, *A Commentary on 1 & 2 Corinthians* (Edinburgh: The Banner of Truth Trust, 1958), pp. 363-364. (《고린도전서》 《고린도후서》 아가페출판사); W. Harold Mare, *1 Corinthians* (Grand

Rapids, Michigan: Zondervan Publishing House, 1976), p. 293.

14) Justin Martyr, "The First Apology of Justin," chap. LXVIII, in *Ante-Nicene Fathers*, Vol. 1: *The Apostolic Fathers, Justin Martyr, Irenaeus*, rev. and ed., A. Cleveland Coxe (Peabody, Massachusetts: Hendrickson Publishers, 1999), p. 186.

15) W. Jardine Grisbrook, "Oblation," *The New Westminster Dictionary of Liturgy and Worship*, ed. J. G. Davies (Philadelphia: The Westminster Press, 1986), p. 392.

16) Thomas Phelan, "Offertory," *The New Westminster Dictionary of Liturgy and Worship*, p. 393. 실제로 585년의 마스콘 공의회(Council of Mascon)는 주일마다 모든 남녀 신자들이 떡과 포도주를 제단에 예물로 바치도록 명하고 있다[Luther P. Powell, *Money and the Church* (New York: Association Press, 1962), p. 26].

17) 한국가톨릭대사전편찬위원회 편, 《한국가톨릭대사전》(서울: 한국교회사연구소, 1985), p. 1284.

18) 주비언 피터 랑 지음, 박요한 영식 옮김, 《전례사전》(서울: 가톨릭출판사, 2005), p. 493.

19) Kenneth W. Stevenson, "Offertory," *The New Westminster Dictionary of Liturgy and Worship*, ed. Paul Bradshaw (Louisville, Kentucky: Westminster John Knox Press, 2002), p. 338.

20) 고린도전서 16장 2절에 대한 요한 알브레히트 벵겔(Johann Albrecht Bengel, 1687-1752)의 주해[John A. Bengel, *Bengel's New Testament Commentary*, Vol. 2: *Romans-Revelation*, trans. Charlton T. Lewis and Marvin R. Vincent (Grand Rapids, Michigan: Kregel Publications, 1981), p. 270]는 이런 뜻으로 이해할 수 있다.

21) '십일조'의 성경적 타당성 문제는 이 시리즈의 2권 《아는 만큼 깊어지는 신앙》 4장에서 자세히 다루고 있다.

7. 성례: 영적 은혜의 통로

1) Leslie Brown, ed., *The New Shorter Oxford English Dictionary*, Vol. 2: *N-Z* (Oxford: Clarendon Press, 1993), p. 2662.
2) Armor D. Peisker, "Sacraments," *Beacon Dictionary of Theology*, ed. Richard S. Taylor (Kansas City, Missouri: Beacon Hill Press of Kansas City, 1983), p. 465.
3) Joseph Martos, "Sacrament," *The Westminster Dictionary of Christian Theology*, eds. Alan Richardson and John Bowden (Philadelphia: The Westminster Press, 1983), p. 514.
4) E. John Tinsley, "Mystery," *The Westminster Dictionary of Christian Theology*, p. 386.
5) Kenan B. Osborne, "Mystery," *The New Westminster Dictionary of Liturgy & Worship*, ed. Paul Bradshaw (Louisville: Westminster John Knox Press, 2002), p. 331.
6) *The New Shorter Oxford English Dictionary*, Vol. 2, p. 2662.
7) Joseph Martos, "Sacrament," *The Westminster Dictionary of Christian Theology*, p. 515.
8) 일곱 가지 성례의 명칭과 가톨릭교회가 제시하는 성경적 근거에 대해서는, 박형룡, 《교의신학: 교회론》(서울: 보수신학서적간행회, 1973), pp. 255 및 256의 내용을 참조했다.

9) Joseph Martos, "Sacrament," 앞의 책, 같은 쪽.

10) 이하의 내용은 Ralph P. Martin, *Worship in the Early Church* (Grand Rapids, Michigan: William B. Eerdmans Publishing Company, 1974), pp. 88-90의 설명을 참조한 것이다.

11) Adalbert Hamman, "Eucharist," *Encyclopedia of the Early Church*, Vol. I: *A-M* (New York: Oxford University Press, 1992), pp. 292-293.

12) Ernst von Dobschütz, "Communion," *Dictionary of the Apostolic Church*, Vol. 1: *Aaron-Lystra*, ed. James Hastings (Edinburgh: T. & T. Clark, 1915), p. 235.

13) T. C. Hammond, *In Understanding Be Men: A Christian Handbook of Christian Doctrine*, rev. and ed. David F. Wright (London: Inter-Varsity Press, 1968), pp. 173-177; Adrian Hastings, "Communion," *The Oxford Companion to Christian Thought*, eds. Adrian Hastings *et al* (New York: Oxford University Press, 2000), pp. 126-127.

14) 최윤환, "미사," 한국가톨릭대사전편찬위원회 편, 《한국가톨릭대사전》 (서울: 한국교회사연구소, 1985), p. 418.

15) 최윤환, 앞의 책, p. 419.

16) Everett Ferguson, "Eucharist," *Encyclopedia of Early Christianity*, ed. Everett Ferguson (New York: Garland Publishing, Inc., 1990), p. 321.

17) C. F. D. Moule, *Worship in the New Testament* (Richmond, Virginia: John Knox Press, 1961), p. 24.

18) Frank Baker, "Love Feast." *The New Westminster Dictionary of Liturgy and Worship*, ed. J. G. Davies (Philadelphia: The

Westminster Press, 1986), p. 341.

19) 로마의 황제들은 칙서를 내려 비밀 결사 조직의 식사를 금하도록 하였다(Thomas M. Finn, "Agape (Love Feast)," *Encyclopedia of Early Christianity*, p. 17).

20) J. A. Robinson, "Eucharist," *Encyclopedia Bible*, Vol. II, col. 1425에 있는 내용으로서, Stephen C. Perks, *The Christian Passover: Agape Feast or Ritual Abuse?* (Taunton, England: Kuyper Foundation 2012), p. 41에 인용되어 있다.

21) Justin Martyr, "The First Apology of Justin," chaps. LXV-LXVII, in *Ante-Nicene Fatehrs*, Vol. 1: *The Apostolic Fathers, Justin Martyr, Irenaeus*, rev. and ed. A. Cleveland Coxe (Peabody, Massachusetts: Hendrickson Publishers, 1999), pp. 185-186.

22) Thomas M. Finn, "Agape (Love Feast)," 앞의 책, 같은 쪽.

23) Paul F. Bradshaw, "Eucharist," *The New Westminster Dictionary of Liturgy and Worship*, ed. J. G. Davies, p. 228.

24) Everett Ferguson, "Eucharist," *Encyclopedia of Early Christianity*, pp. 322-323.

25) Paul F. Bradshaw, "Eucharist," 앞의 책, 같은 쪽.

26) Paul F. Bradshaw, pp. 228-229.

27) Louis Berkhof, *Systematic Theology* (Edinburgh: The Banner of Truth Trust, 1958), pp. 651-652. (《벌코프 조직신학》 크리스천다이제스트)

1) Leslie Brown, ed., *The New Shorter Oxford English Dictionary*, Vol. 1: *A-M* (Oxford: Clarendon Press, 1993), p. 213.

2) 송인규, 《성경의 적용》(서울: 부흥과개혁사, 2017), p. 169.

3) 이 주제를 좀 더 상세히 탐구하기 원한다면, 이 시리즈의 2권 《아는 만큼 깊어지는 신앙》 3장을 참고하라.

4) 형제 교회(Brethren Church)는 기원상 (1) 독일의 침례교 형제단(German Baptist Brethren) 및 (2) 영국의 플리머스 형제단(Plymouth Brethren)과 연계되어 있다. 먼저 독일의 침례교 형제단부터 그 발전 과정을 살펴보자.

18세기 유럽은 정부가 교회를 통제하고 신앙적 다양성을 거의 인정하지 않던 때였다. 이런 경향에 맞서 싸운 독일의 반대자 가운데 알렉산더 맥(Alexander Mack, 1679-1735)이 있었는데, 그는 경건주의와 아나뱁티스트의 전통에 영향을 입은 침례교도였다. 그의 지도하에 몰려든 그리스도인들은 침례, 애찬(성찬과 세족식 포함), 병자에 대한 기름 바르기, 회중에 의한 교회 정치, 전쟁 반대 등을 실행했다. 그러나 정부의 거센 핍박을 이기지 못하고 1719-1729년 사이에 미국으로 이주했다. (맥 자신도 1729년에 미국으로 피했다.) 현재 미국에 퍼진 형제 교회(Church of the Brethren)는 이들의 후신이다[Robert G. Clouse, "Church of the Brethren," *The New International Dictionary of Christian Church*, ed. J. D. Douglas (Exeter, UK: The Paternoster Press, 1974), p. 228].

플리머스 형제단의 기원은 아일랜드의 더블린에서 찾을 수 있지만, 실제로 회중이 형성된 곳은 영국의 플리머스였다(1831년). 이들은 영국교회의 종교적 형식주의, 영적 쇠잔 상태, 편협성 등에 대해 크게 반발하고 있었다. 그리하여 신약의 패턴을 좇아 개인 가정에서 떡을 떼고 기도하며 성경을 공부하는 데 힘을 쏟았다. 그들은 성직자와 평신도를 구분하지 않았고, 은사 있는 이를 기용하여 설교의 책임을 맡겼다. 오늘날 플리머스 형제단은 이전에 영국의 연방이었던 국가들 및 남미, 미국 등지에 뿌리를 내리고 있고, 더 이상 "플리머스"라는 지역명을 고집하지 않는다 (G. C. D. Howley, "Plymouth Brethren," *The New International Dictionary of Christian Church*, pp. 789-790).

형제 교회는 그 기원이 독일 침례교/아나뱁티스트이든 플리머스 형제단이든 복음주의적 신앙 전통을 계승한 것으로 공인되고 있다.

5) T. Carson, "Numbers," in *The International Bible Commentary*, rev. ed., F. F. Bruce (Grand Rapids, Michigan: Zondervan Publishing House, 1986), p. 224.

6) 나채운, 《주기도·사도신조·축도》, 개정증보판(서울: 성지출판사, 2001), p. 396.

7) 사실 고린도후서 13장 13절의 원문은 기원 형식의 축약된 문장으로서 "너희 무리와 함께"라는 말로 끝난다. 따라서 뒤에 '있을지어다'를 덧붙이건 '하시기를 축원하옵니다'를 덧붙이건 아무런 차이가 없고, 또 부가적 표현이 어떠냐에 따라서 영적 효능에 변화가 생기는 것도 아니다.

8) "Worship," in *Baker's Dictionary of Practical Theology* (Grand Rapids, Michigan: Baker Book House, 1967), p. 409.

10. 생활 예배: 내 삶의 주인은

1) Robert H. Gundry, *Sōma in Biblical Theology with Emphasis on*

Pauline Anthropology (Grand Rapids, Michigan: Zondervan Publishing House, 1987), p. 35 (특히 각주 1의 내용).

2) James D. G. Dunn, *Romans 9-16* (Dallas, Texas: Word Books, Publisher, 1988), p. 709.

3) Karl Heinrich Rengstorf, "δοῦλος, ... δουλεύω, δουλεία⋯," *Theological Dictionary of the New Testament*, Vol. II: *Δ-H*, ed. Gerhard Kittel, trans. and ed. Geoffrey W. Bromiley (Grand Rapids, Michigan: Wm. B. Eerdmans Publishing Company, 1964), p. 276.

4) J. Douma, *Responsible Conduct: Principles of Christian Ethics*, trans. Nelson D. Kloosterman (Phillipsburg, New Jersey: P&R Publishing, 2003), p. 165.

5) 구조악에 대한 대응책으로서, 송인규, "그리스도인, 직장 내 구조악과 맞닥뜨리다," 방선기·임성빈·송인규, 《급변하는 직업 세계와 직장 속의 그리스도인》(서울: 한국기독학생회출판부, 2013), pp. 199-237의 내용을 참조하라.

11. 코로나 시대의 예배: 어느 때에 하나님을 뵈올까?

1) 예를 들어, 이정현, "코로나 이후 한국 교회의 예배본질 회복," 안명준 외 45인, 《교회 통찰》(서울: 세움북스, 2020), pp. 317-318, 320-321을 보라. 또 교회론의 관점에서 비슷한 방안을 강조하는 이도 있다(김지훈, "교회 공동체와 인터넷," 《교회 통찰》, pp. 447-449).

2) 내가 보기에는 윤영훈, "온라인 공간에 실험하는 새로운 교회," 포스트코로나와 목회연구학회, 《비대면 시대의 '새로운' 교회를 상상하다》(서울:

대한기독교서회, 2020), pp. 37-55가 이런 시도의 예로 여겨진다. 또 기독교 교육의 맥락에서 비슷한 고민을 하고 대안 모색을 위해 힘쓰는 내용으로서, 함영주, "코로나19 시대, 가정과 연계하는 유초등부 신앙교육," 권순웅 외 6인, 《코로나 이후, 교회교육을 디자인하다》(부천: 피톤치드, 2020), pp. 135-152를 참조하라.

3) 김은혜, "언택트 시대의 관계적 목회 가능성: 콘택트로서 언택트에 대한 신학적 성찰," 《비대면 시대의 '새로운' 교회를 상상하다》, pp. 26-33.

4) 테레사 베르거 지음, 안선희 옮김, 《예배, 디지털 세상을 만나다》(서울: 기독교문서선교회, 2020), pp. 43-48.

5) 그런 의미에서 교회 학교 운영에 디지털 기술을 도입하고 뉴미디어를 활용하는 일은 적극 환영을 받아 마땅하다(참고. 김정준, "코로나19의 상황과 교회학교 운영의 새 방향," 《교회 통찰》, pp. 363-365). 이와 비슷한 자료로서, 김수환, "코로나19 이후의 온·오프라인 교육, 미디어와 중고등부," 《코로나 이후, 교회 교육을 디자인하다》, pp. 153-171의 내용을 추천한다.

6) 테레사 베르거, 《예배, 디지털 세상을 만나다》, p. 64.

7) 윤영훈, "온라인 공간에 실험하는 새로운 교회," 《비대면 시대의 '새로운' 교회를 상상하다》, pp. 45-46.

8) "온라인 예배를 보더라도 눈과 귀와 신체적 접촉이 필수이다"(김은혜, "언택트 시대의 관계적 목회 가능성", 《비대면 시대의 '새로운' 교회를 상상하다》, p. 19).

9) 이것은 한국기독교목회자협의회와 한국기독교언론포럼이 ㈜지앤컴리서치에 의뢰해 2020년 4월 2-6일까지 실시한 "코로나19의 한국 교회 영향도 조사"를 말한다[목회데이터연구소, "코로나19로 인한 한국 교회 영향도 조사 결과 발표," 〈Numbers〉 42호(2020. 4. 10.), p. 15]. 이 경우

70.1퍼센트라는 백분율이 온라인 예배의 참석자와만 연관된 것은 아니지만, 실제적으로는 별 문제가 되지 않을 것으로 추정된다.

10) 청어람 ARMC에서는 2020년 8월 20일부터 26일까지 805명을 대상으로 한 온라인 응답 방식의 설문 조사를 실시했다[박현철, "비대면 시대의 온라인 예배, 어디까지 다가왔을까," 〈뉴스앤조이〉(2020. 9. 4), pp. 14, 16.].

11) 정재영, "코로나19, 청년, 기독교 (1): 변화하는 청년들의 안과 밖," 〈코로나 시대, 기독 청년들의 신앙생활 탐구〉(서울: 한국교회탐구센터, 2021), p. 39. 이 내용이 청년들의 신앙 양태에 대한 것이지만, 다른 연령대의 그리스도인들도 젊은 세대와 큰 차이가 없을 것으로 보인다.

12) 만일 수세자가 집전자와 공간적으로 떨어져 있으면서 온라인으로 세례를 받는 경우라면, 온라인 성찬의 경우와 똑같은 어려움이 발생한다. 이러한 온라인 세례 의식의 문제점과 조치에 대해서는 아래에서 다루는 온라인 성찬의 이슈를 참조하라.

13) Steve Manskar, "A Wesleyan Practice of Holy Communion," *Discipleship Ministries* (2013) at https://www.umcdiscipleship.org/blog/a-wesleyan-practice-of-holy-communion, accessed on August 13, 2021.

14) Heather Hahn, "Moratorium, study urged on online communion," *United Methodist News Service* (October 4, 2013) at https://www.umnews.org/en/news/moratorium-study- urged-on-online-communion, accessed on August 8, 2021.

물론 연합감리교회의 지도자들은 그 이후에 온라인 성찬을 재고하거나 허용하는 문건들—예를 들어, Brenda Capen, "Updated Statement on Online Holy communion During the COVID-19 Pandemic,"

주

VAUMC (September 2, 2020) at https://vaumc.org/updated-statement-on-online-holy-comunion-during-the-covid-19-pandemic/, accessed on August 11, 2021이 대표적인데 —을 작성했지만, 아직까지도 2013년의 선언문을 무효화하지는 못했다.

15) John P. Foley, *Pontifical Council for Social Communications: The Church and Internet* (Vatican City: Libreria Editrice Vaticana, 2002), p. 5.

16) "Pope warns of danger in online Masses," *Catholic News Service* (April 20, 2020) at https://www.catholicweekly.com.au/pope-warns-of-danger-in-online-masses/, accessed on August 13, 2021.

17) Christopher Craig Brittain, "On virtual communion: A tract for these COVID-19 Times (Part II)," *Anglical Journal* (May 25, 2020) at https://www.anglicanjournal.com/on- virtual-communion-a-tract-for-these-covid-19-times-ii/, accessed on August 13, 2021.

18) 김병훈, "영상예배로 성찬식을 행해도 될까요?", 〈복음뉴스〉(2020. 4. 2) at https://www.bogeumnews.com/gnu5/bbs/board.php?bo__table=church__news&wr__id=1955, accessed on August 11, 2021; 이정현, "코로나 이후 한국 교회의 예배본질 회복", 《교회 통찰》, pp. 320-321.

19) Rick Jones, "Vitual Communion: Church leaders say it can be done," Office of the General Assembly (March 25, 2020) at https://www.pcusa.org/news/2020/3/25/virtual- communion-church-leaders-say-it-can-be-don/, accessed on August 8, 2021.

20) "The Eucharist in a time of Physical Distancing," *Communications*

(March 31, 2020) at https://www.printfriedly.com/p/g/zFJnUi, accessed on August 13, 2021.

21) 표현모, “전례 없는 코로나 사태, 한국 교회 성찬식 고민 깊었다,” 〈한국공보〉(2020. 4. 13.) at pckworld.com/print.php?aid=8479395226, accessed on August 8, 2021.

22) The House of Bishops Recovery Group, “COVID-19 Advice on the Administration of Holy Communion,” The Church of England, Version 5.3 (January 12, 2021), p. 7; Edward Foley, “Spiritual Communion in a Digital Age: A Roman Catholic Dilemma and Tradition,” *Religions*, 12.245 (March 30, 2021): 5 at https://www.mdpi.com/journal/religions, accessed on August 8, 2021.

23) Jonathan Steuer, “Defining Virtual Reality: Dimensions Determining Telepresence,” *Journal of Communication*, Vol. 42, No. 4 (Autumn, 1992): 76.

24) 앞의 글, pp. 76-77.

25) Vivencio O. Ballano, “COVID-19 Pandemic, Telepresence, and Online Mass: Redefining Catholic Sacramental Theology,” *The International Journal of Religion and Spirituality in Society*, Vol. 16, Issue 1 (May 2021): 44.

26) 앞의 글, p. 50.

27) 테레사 베르거는 원격 참여 이론을 명시적으로 거론하지는 않지만, 이런 개념에 대한 신학적 가능성을 타진하는 일에 대해서는 매우 적극적이다(《예배, 디지털 세상을 만나다》, pp. 246-249).

아는 만큼 누리는 예배 개정증보판

송인규 지음

초판 1쇄 발행 2021년 10월 25일

펴낸이 김도완
등록번호 제2021-000048호
(2017년 2월 1일)
전화 02-929-1732
전자우편 viator©homoviator.co.kr
펴낸곳 비아토르
주소 서울시 종로구 삼일대로 428, 500-26호
(우편번호 03140)
팩스 02-928-4229

편집 이현주
제작 제이오
디자인 즐거운생활
인쇄 (주)민언프린텍
제본 (주)정문바인텍

ISBN 979-11-91851-08-3 03230